INTELECTUAIS, EDUCAÇÃO E ESCOLA:

Um estudo do *Caderno 12* de Antonio Gramsci

Giovanni Semeraro

INTELECTUAIS, EDUCAÇÃO E ESCOLA:
Um estudo do *Caderno 12* de Antonio Gramsci

Tradução do *Caderno 12*
Maria Margarida Machado

1ª edição
EXPRESSÃO POPULAR
São Paulo • 2021

Copyright © 2021 by Editora Expressão Popular

Revisão: *Joana Tavares e Cecília da Silveira Luedemann*
Projeto gráfico: *Zap Design*
Diagramação e capa: *Gustavo Motta (colagem a partir de retrato de* Antonio Gramsci, *1922; e* Nápoles, *'Bienio Rosso'*: Dispersão da Passeata do 1º de Maio, *1920)*

Dados Internacionais de Catalogação-na-Publicação (CIP)

S471i   Semeraro, Giovanni
   Intelectuais, educação e escola: um estudo do caderno 12 de Antonio Gramsci / Giovanni Semeraro ; tradução do caderno 12 [de] Maria Margarido Machado. – 1.ed.-- São Paulo : Expressão Popular, 2021.
   240 p.

   Inclui Caderno 12: Caderno do cárcere.
   ISBN 978-65-5891-028-2

   1. Educação. 2. Intelectuais. 3. Escola. 4. Escritos políticos. 4. Antonio Gramsci, 1891-1937. 5. Caderno 12 – (Cadernos do cárcere). I. Machado, Maria Margarido. II. Título.

   CDU 330.85
   37

Catalogação na Publicação: Eliane M. S. Jovanovich CRB 9/1250

Todos os direitos reservados.
Nenhuma parte deste livro pode ser utilizada ou reproduzida sem a autorização da editora.

1ª edição: julho de 2021

EDITORA EXPRESSÃO POPULAR
Rua Abolição, 201 – Bela Vista
CEP 01319-010 – São Paulo – SP
Tel: (11) 3112-0941 / 3105-9500
livraria@expressaopopular.com.br
www.expressaopopular.com.br
ed.expressaopopular
editoraexpressaopopular

A Gaudêncio Frigotto, que mostra ser possível realizar a "utopia" de Gramsci.

SUMÁRIO

Prefácio 9
Virgínia Fontes

Apresentação 21

1. Composição e estrutura do *Caderno 12* 27

2. Conexões do *Caderno 12* com a obra de Gramsci 63

3. Temas principais organicamente articulados 99

4. O embate com os projetos
educacionais do fascismo e do liberalismo......................................143

5. O novo princípio educativo:
"tornar-se 'dirigente' (especialista + político)" 167

Referências...187

ANEXO

Caderno 12 (XXIX) 1932..193
Antonio Gramsci

PREFÁCIO

Virgínia Fontes[1]

Sinto-me muito honrada e é com enorme satisfação que prefacio este livro, escrito por um camarada e amigo, grande pesquisador e militante da educação. E não de qualquer educação, mas aquela que sabe seu papel de luta em prol de uma sociedade que supere os estreitos limites do capitalismo, educação engajada na socialização do conhecimento, da ciência, e do conjunto da existência. Este é um livro de um professor tarimbado, de um militante de todas as horas – Giovanni Semeraro – com larga experiência e profícua produção bibliográfica. Militante também da cultura, da ciência, da organização dos subalternos, alguém profundamente devotado aos estudos e à práxis, à luz da contribuição gramsciana.

Temos nas mãos um minucioso estudo teórico e filológico dos escritos de Gramsci, cujo mote central – *Intelectuais, Educação e Escola* – tem como ponto de partida o *"Caderno 12"* dos textos escritos no cárcere, mas sabendo que o tema circula por

---

[1] Historiadora, pesquisadora e professora da Universidade Federal Fluminense (UFF) e da Escola Nacional Florestan Fernandes (ENFF).

todos escritos gramscianos. Semeraro evolui na totalidade da obra de Gramsci para apreender as nuances e modificações, o movimento em espiral realizado pelo comunista sardo que amplia as categorias ao procurar incorporar as condições concretas da vida social, os movimentos históricos nos quais se configuraram e as contradições nelas envolvidas.

Para além da amizade, do companheirismo e do respeito que dedico a Giovanni Semeraro, compartilhamos a luta comum por uma formação e por uma educação que não simplifiquem a complexidade do mundo, mas que apontem para as contradições agudas, dolorosamente sentidas, do interior das quais uma nova sociabilidade procura e precisa florescer. Uma educação na qual as novas gerações possam exercitar plenamente sua capacidade criativa e transformadora. Que não menospreze o papel da cultura – não reduzida a mero ornamento, mas como forma plena de sentir e de pensar, estreitamente compromissada com as condições da vida social, em sua relação com a natureza.

Embora leitora assídua de Gramsci, não tenho a erudição que Semeraro exibe em sua evolução nessa enorme massa de materiais gramscianos, mesclando não apenas os cadernos escritos na cadeia, mas também a correspondência e os textos pré-carcerários, além de extensa bibliografia adicional. Semeraro enfrentou a enorme tarefa de realizar um "estudo filológico, histórico e teórico do *Caderno 12*". Com esse trabalho, reafirma a importância política, filosófica e pedagógica de leituras densas, que respeitem plenamente as condições de redação dos textos de Gramsci, que correlacionem as questões trazidas por ele aos diversos contextos em que produziu sua obra, colocando-os em perspectiva, estabelecendo as datações precisas, apontando os acréscimos, modificações, assinalando outros textos e outros cadernos com os quais cada um dos grandes eixos temáticos definidos por Gramsci dialoga, evolve e avança. Apesar das péssimas condições em que se encontrava, o sardo empreendeu no cárcere um trabalho *für ewig*.

Em suma, Giovanni Semeraro aborda o conjunto da obra gramsciana para sua análise dos intelectuais, da educação e da escola. Consegue trazer de Gramsci esse impressionante jorro de água fresca e límpida que o fascismo tentou bloquear. Você verá, leitor, como brotam temas, categorias de análise, argutas intuições, elaborações complexas e possibilidades especialmente instigantes, todos de intensa atualidade. Verá também como tal fertilidade e abrangência não resulta numa organização segmentada em compartimentos (ou caixinhas) estanques, mas numa rica totalidade de relações. Espero que você sinta, como eu senti ao ler este livro, a sensação de que, a cada tema, Semeraro descortina como Gramsci abre inúmeras portas que ainda solicitam ser exploradas, nas quais precisaremos enfrentar os problemas reais com os quais nos debatemos. Descobrimos a possibilidade e a riqueza de adentrar tais espaços, apoiados na base teórica da qual parte – a filosofia da práxis – acrescida das contribuições de Semeraro. Sem essa base teórica, muitas vezes sequer percebemos as conexões entre tantas questões. Talvez Gramsci seja um dos autores que mais evidencia, na prática de seus textos, que a teoria não é ponto final, mas ponto de partida. Não algo seco que se decora, a repetir como velhos bordões, mas algo vivo, movimento do pensar voltado para e ligado com a práxis, que exatamente por isso precisa capturar o real em seu movimento efetivo.

Vá rapidamente, leitor, pois, ao encontro desta obra. Gramsci é um autor já bastante conhecido e respeitado no Brasil e você se surpreenderá como na análise filológica, histórica e teórica deste livro, Giovanni Semeraro compartilha generosamente conosco longos anos de estudo sobre ele, além de compartilhar sua própria prática pedagógica e política.

Giovanni Semeraro traz também alguns dos elementos fundantes elaborados por Gramsci no enfrentamento do fascismo e das "revoluções passivas", que procuravam encobrir pela violência ou capturar por concessões menores a potência extraordinária dos movimentos e lutas dos trabalhadores. Ele nos relembra como Gramsci, de forma muito precoce, observou a proximidade entre o liberalismo e o fascismo. Ademais, este livro traz contribuições para pensarmos as condições de emergência de novos fascismos, especialmente no Brasil, que carrega as trágicas cicatrizes do passado colonial, do latifúndio, dos racismos, do patriarcado, da desconsideração com o ser social, com a educação e com a socialização do conhecimento.

De forma extremamente pertinente, nos incita a dimensionar a distância histórica, pois tanto o fascismo do século XX quanto o fordismo ligavam-se estreitamente a um projeto industrial, de cunho fabril, ao qual as classes dominantes e seus intelectuais pretendiam subordinar extensos "exércitos" de operários. Ambos mobilizavam as massas; o fascismo de modo insano e brutal (levando-as a se acumpliciarem com o extermínio) e o fordismo por meio de duríssimo disciplinamento dos trabalhadores, da vida social, familiar e sexual. Na atualidade, o fascismo é apenas devorador e destruidor, nada tem a oferecer. Nenhum projeto. Apenas devastação.

Em pleno século XXI, nos deparamos com o que pensávamos jamais retornar do passado. Infelizmente, recentes formas políticas requentam o fascismo, derrotado em 1945. A tais formas até aqui denominei de "protofascistas", uma vez que seus epígonos mantêm traços de similitude com o nazifascismo histórico, e porque muitas das dificuldades sociais que grassavam na Europa de inícios do século XX podem também ser encontradas na atualidade. Mas, como assinala Semeraro, o transcurso histórico de quase um século que nos separa do nazifascismo original exige elaboração que permita a análise e apreensão das características próprias desse protofascismo, na escala atual de expansão do capitalismo, nas dimensões que o liberalismo (sob diversas roupagens) assumiu, na escala das lutas que brotaram incessantemente nesse mesmo período.

Este prefácio poderia se limitar à apresentação de um grande mestre e pesquisador e de sua refinada análise, cujo texto de agradável e inquietante leitura nos convoca para a urgência – a cada dia mais crucial – da atualidade de Gramsci. Peço a permissão para aceitar o desafio de alguns paralelos com a atualidade que Semeraro suscita, ao dividir conosco esse longo e fértil estudo sobre Gramsci. Serei breve, prometo. Dada a urgência sob a qual vivemos, retomo algumas das conversas que tivemos, eu e Giovanni Semeraro, quase sempre em encontros de trabalho, quando se abre um pequeno espaço de tempo para permitir fluir um debate que é a cada dia mais necessário. E que a cada vez me enriquece sobremaneira.

Um dos temas centrais de nossas conversas sempre foi o papel dos intelectuais e da educação. Reconhecemos juntos a enorme luta e os avanços realizados por movimentos sociais na educação, concebida em toda a sua dimensão de autonomia, de organização, de sociabilidade, de socialização e de formação cultural e social. O papel de destaque sem dúvida cabe ao Movimento dos Trabalhadores Rurais sem Terra (MST), cujo formidável trabalho educativo e formador desdobrou-se em inúmeras direções, como a Pedagogia do Campo, a Escola Nacional Florestan Fernandes e na conexão entre as escolas do meio rural e as universidades públicas. Mas também falamos sobre o trabalho realizado por alguns sindicatos, alguns pequenos partidos e muitos grupos dispersos nas nossas universidades, escolas e em periferias. O trabalho educativo e formativo é hoje ferrenha e grotescamente combatido pelos protofascistas e seus esbirros, militares, policiais ou outros.

Compreender a função social dos intelectuais é fundamental para a luta popular, para que suas organizações autônomas ousem construir a conexão entre o pensar e o sentir, uma vez que ambos são condições para uma práxis coerente. Essa compreensão é também fundamental para desvendar as formas pelas quais a dominação de classes – a hegemonia – se produz, se expande e se infiltra nos poros da vida social. Como insiste Gramsci, a análise da sociabilidade nas sociedades capitalistas exige explicar a forma pela qual os grupos dominantes formam seus intelectuais, como educam para o consenso e para a subalternidade.

As iniciativas contra a universalização de uma educação laica e gratuita, contra o caráter de análise social crítica nas escolas públicas começou antes da ascensão protofascista, desde décadas, levadas a efeito por uma infinidade de aparelhos privados de hegemonia (APH) diretamente capitaneados pelo empresariado que se autoproclama liberal, isto é, pelas classes dominantes no Brasil. Como sabemos, a sociedade civil é âmbito de organização, de sociabilidade e de lutas, na qual permanentemente as contradições da vida sob o capitalismo geram novas formas associativas, novos enfrentamentos populares. Muitas vezes esses enfrentamentos expressam a emergência do senso comum, que traduz formas do sentir popular e apreende (sente) o que por vezes passa ao largo dos que são meramente profissionais burocráticos da educação. Sociedade civil é, pois, palco de intensa luta social, e as atividades nela desenvolvidas não se limitam aos setores populares ou democráticos. Nela também se fomenta a redução burocratizante das lutas pela socialização da política.

Há algumas décadas, inúmeras entidades associativas sem fins lucrativos diretamente financiadas pelo empresariado procuram apresentar-se como se tivessem a exclusividade da sociedade civil. Seu objetivo era – e continua sendo – variado, desde desqualificar conquistas realizadas pelas lutas populares pretéritas, até definir (e controlar) o perfil das políticas do Estado, além de disseminar uma concepção de educação voltada para a defesa do que chamam "meritocracia", que nada mais é do que a exasperação da mais intensa concorrência entre os estudantes. Concorrência tão mais intensa quando ocorre sob o estreitamento dos gargalos sociais, em que massacrar o concorrente se torna condição de sobrevivência. Essa é, infelizmente, uma forma de prática pedagógica redutora e empobrecedora.

Os APH empresariais retomavam sob novas palavras a mesma prática histórica da dualidade da educação no Brasil, destinando uma escola pública pobre – desfinanciada e desprestigiada – para as massas populares e reservando ensino de luxo (não necessariamente de grande qualidade cultural) para a minoria. Sua atuação abrange todo o espectro da educação pública. As tentativas de desmantelar a universidade pública foram até aqui em parte fracassadas, mas os ataques foram constantes, introduzindo crescentes doses de privatizações, por meio de fundações e pela imposição de contratos de gestão, por exemplo, além da introdução de inúmeras práticas explicitamente privatistas, como os fundos patrimoniais. Em todos os níveis educacionais, esse empresariado "filantrópico" impulsionou a contratação de APH empresariais, ou Organizações Sociais (suas congêneres) para gestão, administração curricular e para formação e controle do pessoal docente e administrativo. Como se observa, disseminam a prática da destinação de recursos públicos para o setor privado e, ainda que sob o fino véu do "sem fins lucrativos", desvirtuavam cotidianamente as práticas de democratização e socialização na educação pública. Não por coincidência, alguns dos maiores "filantropos-hegemonistas" são... bilionários proprietários de escolas privadas, como Jorge Paulo Lemann e a malha de

APH empresariais que financia. A ausência de fins lucrativos é apenas aparente, e endossa a destruição das verdadeiras práticas de escolhas coletivas, substituídas pelo suposto saber da gestão proprietária.

Exatamente como apontava Gramsci, setores das classes dominantes instalaram-se na no terreno da luta, na interface entre sociedade civil e sociedade política. Com belas palavras e muitos recursos (inclusive públicos), falsificaram palavras de ordem nascidas da luta popular, produziram uma enorme devastação nas conquistas políticas – pequenas, ainda frágeis, mas importantes – que resultavam de tantas lutas históricas. Implementaram uma prática generalizadora que reproduz e procura justificar a precarização das relações de trabalho. Em tais entidades supostamente "filantrópicas" – melhor seria chamá-las de "mercantil-filantrópicas", pois seu intuito é a mercantilização da educação – muitos trabalhadores atuam como se fossem "voluntários" (sem direitos), mas devem substituir os trabalhadores com direitos, apontados como "privilegiados". Substituí-los inclusive nas escolas públicas, instadas a realizar cada vez mais contratos com tais entidades e a contratar trabalhadores sem direitos. Difundiram um "empreendedorismo" que todos sabemos fictício, pois são trabalhadores, apenas expropriados de seus direitos. Inventaram seguidas contrarreformas na educação, divulgadas por seus "parceiros empresários" da grande mídia proprietária para implantar seu projeto de deseducação, sob o pomposo e enganoso título de *Todos pela Educação*.

Designei a ampla escala desse processo, não partidário mas profundamente político (pode ser considerado partidário no sentido gramsciano, da organização dos dominantes e da desorganização dos subjugados), de *hegemonismo empresarial*. Não agem apenas nas escolas, e a educação hegemônica dominante não se limita ao âmbito escolar, embora nelas tenham tido ação impactante. A atuação de tais aparelhos privados de hegemonia financiados pelo empresariado é talvez o âmbito mais bem investigado na atualidade e me permito indicar uma pesquisa realizada por pesquisadores oriundos da reforma agrária, sob a coordenação de Anakeila de Barros Stauffer: *Hegemonia burguesa na educação pública: problematizações no curso TEMS* (Rio de Janeiro: EPSJV, 2018). O livro está disponível gratuitamente no sítio na internet da Escola Politécnica de Saúde Joaquim Venâncio da Fiocruz (EPSJV-Fiocruz). Nos estudos ali realizados, evidenciam-se os variados formatos de atuação dos setores dominantes visando a minar a questão ambiental, a saúde pública, a luta pela reforma agrária, dentre outras. Sobretudo, vale destacar o tipo de atuação insidiosa que procura desmanchar a partir de dentro a autonomia das organizações populares.

O hegemonismo expandiu-se como maneira de assegurar a sujeição de massas de trabalhadores sem contratos, sem direitos mas, ainda assim, trabalhadores e produtores de enormes lucros para o empresariado. O mesmo empresariado que os expropriava de direitos, de terras, de condições de vida, sujeitando-os a jornadas ilimitadas, falsificava as reivindicações populares pela atuação de massas de intelectuais burocráticos. A devastação hegemonista empresarial, que se fantasiava de "democrática", agia para reduzir qualquer elemento de democratização efetiva a cinzas, para tornar terra arrasada os espaços organizativos populares autônomos, portadores de uma "vontade nacional-popular", em luta pela socialização da existência e da política. Ao contrário do intelectual orgânico "nacional-popular" de Gramsci, embora utilizando sua linguagem, a atuação de tais APH buscava encolher os elementos do bom-senso conquistados, para reduzi-los a formas cada vez mais fragmentárias de consciência.

Ao que tudo indica, não conseguiram conter tais massas crescentes de trabalhadores, em condições a cada dia mais precárias, apenas por meio de tais expedientes. É do terreno devastado por tais liberais defensores de uma democracia-burocrática (como genialmente mostra Gramsci) que a situação brutal irrompeu. A configuração protofascista não é idêntica a dos hegemonistas, mas embora tenham divergências internas, até aqui parecem bem acomodados uma à outra. Dessa situação, resulta um duplo desenho: o mais visível, policializado ou milicializado, se traduz na propagação de escolas cujo funcionamento é de tipo policial, com a imposição aberta da censura, por meio de iniciativas do tipo "escola sem partido", exemplo do uso adulterado dos termos, uma vez que se trata de amordaçar os docentes e silenciar o conhecimento. O anticomunismo contrarrevolucionário e preventivo mostra sua agressividade no trato com os setores subalternos, a serem domados – e em seu descompromisso com o conhecimento, reduzido a fórmulas prontas para decorar, sem conexão com a complexidade do mundo real, sem respeito pela ciência. Essa escola policializada se abre para novas modalidades de privatização da educação pública, com a remuneração adicional de policiais e militares em atuação escolar, abrindo a porta para inúmeras formas de desvios de recursos e de funções. O empresariado hegemonista e os protofascistas – estes últimos, aliás, contaram com o decidido apoio empresarial para a eleição de seu chefe – acomodam-se também na precedência que ambos atribuem à privatização do conjunto do fundo público, especialmente na educação e na saúde.

Os aparelhos privados de hegemonia *empresariais* e sua legião de intelectuais deixaram a frente da cena para o protofascismo, mas seguem em plena atuação, com legiões de trabalhadores com contratos precários e instáveis, enquanto seus dirigentes são remunerados como... empresários. Os protofascistas atacam todas as formas de educação pública, o que talvez incomode um pouco os setores dominantes hegemonistas, que preferem se utilizar dela, fagocitá-la, devorá-la aos poucos. Os protofascistas combatem e criminalizam frontalmente os movimentos de educação popular crítica, que são o broto nascente de verdadeira educação pública, e o fazem sob o obsequioso silêncio do empresariado hegemonista.

A democracia não é uma fórmula institucional, nem um molde definido. Ela é sempre processo, é sempre democratização, movimentos de luta social para enfrentar as contradições do mundo real, para assegurar o protagonismo das massas subalternas, as massas que produzem a existência, frente aos que pretendem subjugá-las, domesticá-las, reduzi-las a meros seres descartáveis. Mas a luta sempre tem o outro lado. A redução da democracia a uma "técnica" de comando a ser gerida por intelectuais a soldo das classes dominantes é uma das estratégias que a restringe a uma encardida burocratização.

Como mostra Semeraro, precisamos incorporar a impressionante atualidade de Gramsci. Mas ele também destaca como simultaneamente é essencial pensar a distância histórica que nos separa do tempo no qual viveu o comunista sardo. Esse é o repto que nos apresenta este livro – armados com a reflexão gramsciana, precisamos enfrentar os desafios de nosso tempo.

APRESENTAÇÃO

Publicações sobre as concepções de intelectual, de escola e de educação elaboradas por Gramsci não faltam no Brasil,[1] mas não consta uma obra que analise o *Caderno 12* (Q 12) como um todo, no qual essas temáticas encontram-se concentradas e entrelaçadas. O livro que aqui apresentamos, portanto, tem o propósito de preencher essa lacuna com um estudo filológico, histórico e teórico do *Caderno 12*, que explicita a gênese, a composição e a estrutura, o léxico e a elaboração conceitual, a articulação interna das partes e a conexão com os outros escritos do autor, a posição crítica de Gramsci diante das teorias pedagógicas vigentes no seu tempo e o impacto das suas propostas revolucionárias.

Ao realizar um cuidadoso estudo analítico do *Caderno 12* e focalizar a originalidade fecunda que emana das suas páginas, objetivamos juntar duas tarefas que no entendimento de Gramsci são imprescindíveis na formação do ser humano: o

---

[1] Cf., a respeito, o recente levantamento da bibliografia produzida no Brasil sobre Gramsci (*Mapa Bibliográfico de Gramsci no Brasil*) realizado pelo NUFIPE/UFF, em 2016, publicado no site do International Gramsci Society (IGS, Brasil).

trabalho técnico-científico e a atuação política. Portanto, além da análise crítico-literária do texto, evidenciamos a repercussão concreta da concepção político-pedagógica formulada por Gramsci. Com base nesses critérios, na elaboração do livro, procuramos adotar o método de Gramsci, que constrói sucessivas e crescentes abordagens dos assuntos, promovendo didaticamente a ampliação dos conceitos e dos horizontes teóricos. Desta forma, como é possível vislumbrar pelo sumário, o primeiro capítulo é dedicado à análise da estrutura do *Caderno 12*, ao crivo filológico dos três parágrafos que o compõem, à configuração arquitetônica do seu conjunto e à interligação dos seus conteúdos. Neste processo, colocamos também em evidência a peculiaridade da construção do discurso e os fundamentos da argumentação do autor, a riqueza terminológica e o retículo conceitual que articulam e unificam as partes do *Caderno*.

Levando em conta os avanços filológicos, os estudos desenvolvidos nos últimos anos e os instrumentos metodológicos consolidados na reconstrução da sua obra, o segundo capítulo visa estabelecer as conexões do *Caderno 12* com os escritos pré-carcerários e carcerários e focalizar, particularmente, a estreita ligação com os *Cadernos* 10-11-13, que tiveram redações concomitantes, destacando a visão orgânica do quadro categorial e a composição articulada destes quatro "Cadernos especiais", que formam um bloco unitário. Ao rastrear diacronicamente a intensa teia de referências disseminadas em seus escritos, que oferecem lastro às reflexões concentradas no *Caderno 12* e auxiliam na compreensão mais exata dos assuntos abordados na nossa investigação, procuramos desvelar não só a cronologia da redação, mas, acima de tudo, a evolução do pensamento de Gramsci por meio das anotações preliminares e das complexas articulações deste autor que, em suas pesquisas, se pauta pelo método interdisciplinar, pela "natureza dialógica da sua mentalidade filosófica" (Gerratana, 1997, p. 13) e pelo "ritmo do pensamento em movimento" (Q 16, §2, p. 1.841). Reconstruindo a gênese do pensamento e percorrendo as ramificações das investigações de Gramsci, tornam-se visíveis os elementos que constituem as vértebras aglutinadoras de seus múltiplos escritos e o plano orgânico subjacente que plasma tanto o *Caderno 12* como sua obra inteira. Desta forma, embora não faltem referências a diversos estudiosos dos seus escritos, privilegiamos entender o significado do pensamento de Gramsci utilizando seus próprios textos e recorrendo diretamente às reflexões que ele mesmo escreveu nas diversas fases da sua evolução.

De posse desses dados, sem deixar de evidenciar a multiplicidade e a articulação dos assuntos que emergem do texto, reservamos o terceiro capítulo aos temas centrais que constituem a trama fundamental do *Caderno 12*: o "intelectual orgânico", a "escola unitária" e a "educação integral". Entrelaçadas de maneira incindível, tais pilastras são elaboradas por Gramsci como condições necessárias para lançar as bases da construção de uma nova sociedade, democraticamente recriada e dirigida pelos trabalhadores e pelas classes populares politicamente organizadas.

A concepção inaudita e impactante deste conjunto de propostas articuladas aparece com maior nitidez no quarto capítulo do livro, no qual procuramos reconstruir o contexto histórico e cultural em que Gramsci se movimentou e mostramos a interlocução crítica e o embate que travou com as teorias pedagógicas e os "novos" planos escolares em voga no seu tempo. Desta forma, com base no material apresentado nos capítulos anteriores, nos dedicamos a eviscerar os elementos do novo "princípio educativo" apontado por Gramsci, cujo propósito não se reduz a preparar trabalhadores e "cidadãos" funcionais ao sistema, mas a formar a todos como "dirigentes", qualificados, ao mesmo tempo, como especialistas na própria profissão e políticos capazes de se autodeterminar e "governar" democraticamente a sociedade.

Além de apresentar uma análise do conjunto do *Caderno 12*, situá-lo no seu contexto histórico e evidenciar a originalidade dos seus temas unificadores, auspiciamos que este trabalho possa propiciar elementos de método para quem quiser se dedicar a estudar um caderno ou uma questão na obra de Gramsci, sem se limitar a uma leitura segmentada e setorial. Assim, na esperança de que este livro possa facilitar a compreensão do conjunto do texto e contribuir para "oferecer um instrumento de leitura que permita seguir o ritmo de desenvolvimento com o qual a pesquisa gramsciana se desdobra nas páginas dos *Cadernos*" (Gerratana, 1975, p. 25), optamos por manter, em parte, a formatação, a metodologia e a didática utilizadas no curso ministrado em 2017 sobre o *Caderno 12* no Programa de Pós-Graduação em Educação da Universidade Federal Fluminense (PPGE-UFF). Das vantagens que a sala de aula oferece, mantivemos alguns recursos para sintonizar os conteúdos do *Caderno 12* com a filosofia da práxis, a concepção política e a análise das condições históricas que emergem de um autor que mostra magistralmente como entrelaçar inseparavelmente o "nexo necessário e vital" entre "estrutura e superestrutura", entre as dimensões objetivas e subjetivas e a construção de uma concepção orgânica da realidade, abordando-a na sua totalidade. Neste processo, procuramos realizar uma "filologia vivente" (Q 11, §25, p. 1.430), que o próprio Gramsci sinaliza, levando em conta as indicações metodológicas e as "cautelas filológicas" disseminadas nos seus escritos (Baratta, 2000, p. 101), ressaltando a relação fecunda entre "ciência e vida" que se alimenta das ineludíveis interpelações provenientes do nosso contexto histórico e das vicissitudes sociais e políticas que se debatem no Brasil, assunto do quinto e último capítulo do livro.

Gestado, essencialmente, em 2020, durante a devastação do governo Bolsonaro e da Covid-19, este livro me convenceu ainda mais de que a vacina mais eficaz contra a violência do fascismo, o obscurantismo e as pandemias, sempre à espreita, é a organização e a consolidação em todo o território nacional de uma "escola unitária" pública com uma "educação integral", cientificamente constituída e socialmente orientada, para formar a todos como "intelectuais orgânicos" e "dirigentes" de um soberano projeto nacional-popular.

Como Gramsci aponta repetidamente, o objetivo do estudo e do conhecimento não tem finalidade em si, mas adquire sentido e força quando orientado a fermentar uma atividade prática e política (Q 13, §17, p. 1.588). Com a reconstrução e o trabalho hermenêutico do *Caderno 12*, portanto, esperamos poder contribuir não só para os avanços da ciência e uma melhor compreensão da obra de Gramsci, mas, também para inspirar e alimentar as lutas dos trabalhadores e das classes populares, de modo a enfrentar os desafios de um mundo que é preciso conhecer na sua complexidade e contradições, recriando "um novo tipo de intelectual", de educação e de escola, em condições de combater o processo regressivo em curso no Brasil e promover os avanços de uma democracia que abra caminhos para a criação de uma nova civilização.

No final do livro, encontra-se a tradução do *Caderno 12*, de modo que o leitor tenha a possibilidade de ler por inteiro o escrito de Gramsci e conferir, eventualmente, as referências ao texto.

Terminava este livro quando chegou a devastadora notícia da morte precoce do nosso querido e talentoso professor Carlos Eduardo Rebuá. Peço ao leitor que me permita honrar e agradecer também aqui a cativante figura humana e a inestimável atuação deste "intelectual orgânico" das classes populares.

I. COMPOSIÇÃO E ESTRUTURA DO *CADERNO 12*

Gênese, desenho e partes do *Caderno 12*

Em 1932, sob o título geral de "Apontamentos e notas esparsas para um conjunto de ensaios sobre a história dos intelectuais e da cultura na Itália", Gramsci escreve, no *Caderno* que será catalogado com o número 12 na edição crítica dirigida por Valentino Gerratana,[2] três notas que tratam da complexa e estratégica função dos intelectuais na sociedade e dos critérios para delinear uma nova concepção de escola e de educação. Em 24 páginas, manuscritas com a sua inconfundível grafia nítida, miúda e linear, este *Caderno "especial"*[3] condensa os resultados

---

[2] Gramsci, A., *Quaderni del carcere*, a cura di V. Gerratana, v. 4, Torino: Einaudi, 1975. De agora em diante, citados com a letra Q, seguida pelo número do parágrafo e pelo número de páginas.

[3] Caderno formato registro (21,40 x 30,50 cm), de 60 páginas (com 31 linhas em cada página), das quais Gramsci preencheu as primeiras 24, numerando-as na frente (*r*) e verso (*v*). Desta forma, este caderno manuscrito "é utilizado só parcialmente: sendo brancas a terceira linha de c. 1*r*, as últimas doze linhas de c. 12*v* e as cc. 13*r*-30*v*" (Francioni, G.; Cospito, G. Nota Introduttiva al Quaderno 12 (1932). *In*: Gramsci, A. *Quaderni del carcere. Edizione anastatica dei manoscritti*, a cura de G. Francioni, 18 vol., Roma, Cagliari: L'Unione Sarda-Istituto della Enciclopedia Italiana, 2009, p. 160-167). Depois da morte de Gramsci, a cunhada Tatiana colocou neste caderno uma etiqueta com a escrita "Incompleto XXIX".

mais significativos da sua extensa reflexão a respeito desses assuntos e reelabora em segunda redação (textos C) um conjunto de anotações registradas em primeira versão (textos A) no *Caderno "miscelâneo"* 4, escrito desde "novembro de 1930", conforme a sinalização deixada no §49, p. 482 (data reproduzida no Q 12, §1, p. 1.522).

A primeira nota, mais extensa, sem título, sem numeração nem sinal de parágrafo, apresenta-se dividida em duas partes, separadas por uma linha horizontal traçada por Gramsci na frente da página 6 (p. 1.534, na edição Gerratana). Na primeira parte desta nota (p. 1.513-1.530), dedicada à formação, ampliação, distinção e atuação dos intelectuais, Gramsci retoma com algumas variantes os apontamentos recolhidos no §49 do *Caderno 4*. Na segunda parte (Q 12, p. 1.530-1.539), aproveita o §50 do *Caderno 4* e trata da "política de formação dos modernos quadros intelectuais" na escola, das suas contradições relacionadas com a crise geral da sociedade, dos novos métodos de aprendizagem e do desenho da "escola unitária" voltada a desenvolver em todos os jovens a "capacidade de criação intelectual e prática e de autonomia na orientação e na iniciativa" (Q 12, p. 1.534), para que possam inaugurar "novas relações entre trabalho intelectual e trabalho industrial não só na escola, mas em toda a vida social" (Q 12, p. 1.538). Note-se que no manuscrito (Q 12, p. 1.530), entre as duas partes da primeira nota, há um pequeno parágrafo intermediário (presente também no §49 do *Caderno 4*), onde se mencionam "outros aspectos da questão dos intelectuais, além dos referidos anteriormente" e são sinalizados diversos temas e linhas de pesquisas a serem enfrentadas em uma investigação mais ampla e exaustiva, uma vez que não tinha condições de desenvolvê-la pela falta de material suficiente ("grandes bibliotecas") e pelas restrições da vida carcerária.

A segunda nota, intitulada "Observações sobre a escola: para a busca do princípio educativo", não numerada e sem sinal de parágrafo, recupera as reflexões contidas no §55 do *Caderno 4*, se contrapõe à "fratura" operada pela reforma escolar do ministro fascista Giovanni Gentile, trata do declínio da escola tradicional, das bases do novo princípio educativo, das mudanças na sociedade industrial e dos movimentos pedagógicos modernos.

A terceira nota, com sinal de parágrafo, mas sem numeração nem título, condensada em pouco mais de uma página, baseia-se nos §§51 e 72 do *Caderno 4*, reafirma que "não se pode separar o *homo faber* do *homo sapiens*" e aponta a necessidade de "elaborar criticamente a atividade intelectual que existe em cada um com diferente grau de desenvolvimento" (Q 12, p. 1.551). O final do *Caderno 12* se encerra com o célebre desenho do "modo de ser do novo intelectual" que "da técnica-trabalho se eleva à técnica-ciência e à concepção humanista histórica, sem a qual se permanece 'especialista' e não se chega a ser 'dirigente' (especialista + político)".

Embora se apresente como um ensaio inacabado, o conjunto do *Caderno 12* se configura como um grande painel que articula temas profundamente entrelaçados, urdidos pelos fios de uma intensa trama de reflexões, conceitos e inspirações que desenham uma inédita concepção de intelectual, de escola e de educação, como veremos nos próximos capítulos. Na análise deste caderno, além das ferramentas consolidadas na ciência filológica e crítico-literária e dos avanços promovidos por numerosos estudiosos da sua obra, é necessário levar em consideração as próprias recomendações metodológicas apontadas por Gramsci em diversas notas dos *Cadernos do cárcere* (Gerratana, 1997). Particularmente instrutivo é §2, intitulado *Questões de método*, do *Caderno 16*, no qual Gramsci apresenta um conjunto de critérios quando "se quer estudar o surgimento de uma concepção de mundo que nunca foi exposta sistematicamente pelo seu criador", alertando para que se busque o seu autêntico sentido "em todo o desenvolvimento do trabalho intelectual" e que se possa "fazer preliminarmente um trabalho filológico minucioso e conduzido com o máximo escrúpulo de exatidão" (Q 16, p. 1.840). Cuidados, estes, que adquirem ainda mais importância "quando se trata de uma personalidade na qual a atividade teórica e prática estão indissoluvelmente entrelaçadas, de um pensamento em contínua criação e perpétuo movimento, que sente vigorosamente a autocrítica" (Q 16, p. 1841). Embora Gramsci esteja se referindo essencialmente aos escritos de Marx, estas indicações se tornam demasiadamente oportunas quando se analisa a sua própria obra, uma vez que, na prática, Gramsci não deixou nenhum livro definitivo e impresso da sua imensa produção. Trata-se, portanto, de um autor póstumo, cuja obra foi progressivamente editada pelas mãos de diversos estudiosos e continua sendo organizada e editada integralmente até hoje.[4] Neste sentido, para analisar qualquer parte do conjunto dos seus escritos, é preciso ter "muita cautela", levar em conta também o "epistolário" e a "biografia" e buscar "o leitmotiv, o ritmo do pensamento em progresso" (Q 16, §2, p. 1.841), ou seja, o fio condutor e a matriz profunda que caracteriza, no nosso caso, o

---

[4] *Edizione Nazionale delle opere di Antonio Gramsci*, planejada para publicar o *corpus* inteiro da obra gramsciana, com a colaboração de vários grupos de trabalho coordenados por G. Francioni e sua equipe (G. Cospito e F. Frosini). O projeto, em andamento, promovido pelo Istituto della Enciclopedia Italiana e o Istituto Fondazione Gramsci de Roma, tem a previsão de numerosos volumes divididos em três seções: escritos antes do cárcere, obras do cárcere e epistolário. Até hoje, vieram a público os quatro *Quaderni di traduzione,* que não constam da edição crítica de Gerratana; dois volumes do epistolário: as cartas escritas entre 1906 e 1922 (vol. I) e os escritos do ano de 1917 (vol. II); os primeiros quatro cadernos de notas teóricas na nova edição crítica de G. Francioni, todos publicados pelo Istituto della Enciclopedia Italiana.

Caderno "especial" 12. Por isso, neste estudo, nos dedicamos a reconstruir da melhor forma possível o material esparso na sua obra relativo aos conteúdos do *Caderno 12*, descobrindo a evolução e a conexão das ideias que formam a sua trama e nos concentrando na focalização do seu objetivo principal.

Para uma abordagem geral e um primeiro exercício analítico sugere-se colocar em colunas paralelas os textos dos *Cadernos 4 e 12*, de modo a examinar as diferenças de conteúdo, as variantes ocorridas na segunda redação e o amadurecimento de novas percepções. Por meio do estudo comparativo entre os §§49, 50, 51, 55 e 72 do *Caderno 4* e a reformulação das partes correspondentes no *Caderno 12*, é possível ter uma ideia da passagem do universo dos *Cadernos "miscelâneos"* para os *Cadernos "especiais"*, ou seja, como ocorre a transição da fase de planejamento, de exploração bibliográfica, de fichamento e de primeira versão de determinados assuntos, para o trabalho de sistematização e maior elaboração teórica alcançadas na organização de um tema monográfico, conforme o próprio Gramsci explicita na carta de 22 de fevereiro de 1932 [Gramsci, *Lettere dal carcere* (LT), 1932] ao pedir a sua cunhada Tânia cadernos menores "de formato normal, como os escolares, com no máximo de 40-50 páginas [...] para reorganizar estas notas, separando-as por assunto e assim sistematizando-as" (Gramsci, LC, p. 538).[5] Por questão de espaço, aqui, nos limitaremos a selecionar e salientar apenas algumas variantes mais significativas introduzidas no *Caderno "especial" 12* em relação às notas do *Caderno 4*. Focalizaremos, particularmente, os conceitos e as partes mais importantes que foram acrescentadas na segunda redação e que contribuem para

---

[5] Para as referências às *Cartas do Cárcere* utilizamos: Gramsci, A. *Lettere dal carcere 1926-1937*, a cura di A. A. Santucci, 2 vol. Palermo: Sellerio Editore, 1996. De agora em diante, esta edição será citada com a abreviação LC e indicaremos a data da carta para facilitar a localização nas traduções existentes no Brasil.

entender a construção unitária das propostas contidas no *Caderno 12* e a originalidade do seu pensamento, deixando no decorrer dos capítulos do livro outras referências relativas às diferenças entre as notas dos dois *cadernos*.

Em uma visão de conjunto, percebe-se logo a disparidade de tamanho entre as notas do *Caderno 4* e a formulação ocorrida no *Caderno 12*. Aparece, portanto, evidente que não se trata de mera transposição das notas de primeira redação para o *Caderno 12*, mas de uma ampliação notável dos textos e das questões abordadas anteriormente, da introdução de novos conceitos e do amadurecimento de muitas reflexões que se encontram esparsas nos *Cadernos*, nas *Cartas do cárcere* e também nos escritos pré--carcerários.

A seguir, destacamos em itálico a introdução de novos conceitos, a formulação de reflexões mais avançadas e alguns aspectos, exclusivos da segunda redação (Texto C), que contribuem para entender a configuração específica e o caráter peculiar que caracterizam o *Caderno 12*.

Na primeira nota

> 1 – p. 1.513: "Cada grupo social cria [...] intelectuais que lhe conferem homogeneidade e consciência da própria função *não só no campo econômico, mas também no campo social e político*".

[*Obs.*: Esta formulação traduz a clássica metáfora de "estrutura e superestrutura", que figura no *Caderno 4*, e expressa melhor a relação dialética. Ao explicitar "campo social e político" Gramsci chama as atenções sobre as componentes que pretende evidenciar na sua argumentação, evitando leituras mecanicistas e economicistas].

2 – p. 1.513: "o empresário capitalista cria junto a si *o técnico da indústria*, o cientista da economia política, *o organizador de uma nova cultura, de um novo direito etc. etc. É preciso notar que o empresário representa uma elaboração social superior, já caracterizada por uma certa capacidade dirigente* e técnica (ou seja, intelectual)".

[*Obs*.: Além de insistir sobre os aspectos da "cultura, direito etc.", logo na primeira página Gramsci situa o conceito "dirigente", chave do *Caderno 12*, e destaca as suas funções não só no âmbito da produção, mas também da intervenção social e política].

3 – p. 1.514: "*Pode-se observar que os intelectuais 'orgânicos', que toda nova classe cria consigo mesma e elabora no seu desenvolvimento progressivo, são basicamente 'especializações' de aspectos parciais*".

[*Obs*.: significativa a conexão de "intelectuais orgânicos" com "nova classe", "desenvolvimento progressivo" e "especializações", características que preparam o terreno para a configuração do novo princípio educativo que desenha no *Caderno 12*].

4 – p. 1.514: "*Assim, cabe observar que a massa dos camponeses, mesmo desenvolvendo uma função essencial no mundo da produção, não elabora seus próprios intelectuais 'orgânicos' e não 'assimila' nenhuma camada de intelectuais 'tradicionais', embora da massa dos camponeses outros grupos sociais extraiam muitos de seus intelectuais e grande parte dos intelectuais tradicionais seja de origem camponesa*".

[*Obs*.: Contraponto fundamental, ausente no *Caderno 4*, que Gramsci vai aprofundar ao longo do *Caderno 12* mostrando como esta carência é responsável pela desorganização e a incapacidade da massa popular em construir a hegemonia].

> 5 – p. 1.515: *"toda a filosofia idealista pode ser facilmente conectada com esta posição assumida com o conjunto social dos intelectuais [tradicionais] e se pode definir a expressão desta utopia social pela qual os intelectuais acreditam ser 'independentes', autônomos, dotados de características próprias etc.".*

[*Obs.*: Avaliação ousada e desafiadora que prepara a análise que fará mais adiante destes intelectuais e o embate com esta filosofia dominante].

> 6 – p. 1.514-1.515.

[*Obs.*: A construção dessas duas páginas deixa muito eloquente a conexão do parágrafo dedicado à categoria tradicional dos intelectuais "eclesiásticos" (ligados à "aristocracia fundiária") com o parágrafo imediatamente seguinte, no qual vincula *"toda a filosofia idealista"* (ausente no *Caderno 4*) à linhagem dos "intelectuais tradicionais" e estabelece um paralelo provocador entre *"o papa e a alta hierarquia da Igreja"* e *"Gentile e Croce"*, todos eles associados aos aristocráticos "senadores Agnelli e Benni"].

> 7 – p. 1.515: *"Esta pesquisa sobre a história dos intelectuais não será de caráter 'sociológico', mas dará lugar a uma série de ensaios de 'história da cultura'" (Kulturgeschichte) e de história da ciência política".*

[*Obs.*: Contra o sociologismo positivista, esta posição clara explicita a configuração que Gramsci quer imprimir à sua pesquisa e à exposição no *Caderno 12*, evidenciando as componentes históricas e culturais e a elaboração dos temas em uma "ciência política" configurada pela práxis].

> 8 – O extenso parágrafo entre as p. 1.516-1.518, ausente no *Caderno 4* e crucial na estrutura do *Caderno 12*, que se abre com a afirmação impactante: "*Todos os homens são intelectuais*", trata da expansão da "intelectualidade" no mundo moderno por meio da difusão da escola, responsável pela democratização da cultura e das técnicas mais avançadas e pela formação dos diversos tipos de intelectuais, base estratégica para a consolidação do Estado e caminho aberto para as classes subalternas poder construir uma nação com uma nova civilização.
>
> 9 – p. 1.518-1.519: observa-se a notável ampliação e maior explicitação no *Caderno 12* da função dos intelectuais na "sociedade civil" e na "sociedade política", apresentados como "dois grandes planos superestruturais", fundamentais para a hegemonia de uma classe e a direção de um projeto nacional.
>
> 10 – p. 1.520: "*O organismo militar, também neste caso, oferece um modelo destas graduações complexas: oficiais subalternos, oficiais superiores, Estado-Maior; e não se devem esquecer os graduados da tropa, cuja importância real é superior ao que habitualmente se pensa*".

[*Obs*.: Modelo posto em eloquente sintonia com a organização da indústria do "empresário capitalista" descrito na página de abertura].

> 11 – p. 1.520: "No mundo moderno, a categoria dos intelectuais ampliou-se de maneira inaudita. *Foram elabo-*

radas pelo sistema social democrático-burocrático massas imponentes, nem todas justificadas pelas necessidades sociais da produção, ainda que justificadas pelas necessidades políticas do grupo fundamental dominante. Portanto, a concepção loriana do 'trabalhador' improdutivo (mas improdutivo em relação a quem e a que modo de produção?), que poderia se justificar em parte se for levado em conta que estas massas exploram sua posição para obter grandes somas retiradas da renda nacional".

[*Obs*.: Fenômeno da "superprodução" do "exército intelectual de reserva", comparável com o "exército industrial de reserva" descrito por Marx].

12 – p. 1520: *Os intelectuais de tipo rural, em sua maioria, são "tradicionais".*

[*Obs*.: Alheios ao dinamismo da produção industrial mais avançada e dissociados da centralidade do poder para organizar e dirigir a sociedade].

13 – p. 1.522-1.523: *"O que se torna o partido político em relação ao problema dos intelectuais?* [...] elaborar a própria categoria de intelectuais orgânicos, diretamente no *campo político e filosófico* [...] até se tornarem políticos *qualificados, dirigentes*, organizadores de todas as atividades e as funções inerentes ao orgânico desenvolvimento de uma sociedade integral, civil e política".

[*Obs*.: Em relação à nota do *Caderno 4*, as reflexões do *Caderno 12* nestas páginas sobre "o problema dos intelectuais" no partido apresentam poucas variações e denotam uma visão já sedimentada a respeito deste assunto. Mesmo assim, as pequenas mudanças são muito ilustrativas para perceber a centralidade e a novidade que alguns conceitos assumem no *Caderno 12*. Os termos em itálico, ausentes no *Caderno 4*, fazem aflorar o motivo de fundo frequentemente retomado que articula toda a partitura do *Caderno 12*].

14 – p. 1.524-1.530: Nestas páginas Gramsci apresenta algumas diferenças na constituição dos intelectuais em um conjunto de países, focalizando as características que se relacionam com o desenho do *Caderno 12*, como veremos mais adiante. A redação do *Caderno 12* é quase idêntica à nota do *Caderno 4*, o que leva a pensar que Gramsci esquematizou e postergou esta pesquisa de grande dimensão, por ser um trabalho irrealizável nas condições de vida carcerária. Destacamos, apenas, um acréscimo significativo no *Caderno 12* a respeito dos *junker* prussianos: "*no livro* Parlamento e governo nel nuovo ordinamento della Germania *de Max Weber podem ser encontrados muitos elementos que permitem observar como o monopólio político dos nobres impediu a elaboração de um estrato político burguês numeroso e experiente*".

[*Obs.*: Tal como ocorreu na história da Itália, Gramsci evidencia a manutenção do poder das classes dominantes tradicionais que bloqueiam a constituição de uma classe em consonância com as mudanças modernas].

15 – p. 1.532: "*O tipo tradicional de 'dirigente' político, preparado apenas para as atividades jurídico-formais, se torna anacrônico e representa um perigo para a vida estatal:*

> *o dirigente deve ter um mínimo de cultura geral técnica que lhe permita, se não 'cria' autonomamente a solução justa, pelo menos de saber julgar entre as soluções desenhadas pelos especialistas e escolher, portanto, a que seja justa do ponto de vista 'sintético' da técnica política"*

[Observe-se a insistência e a configuração do novo "dirigente", mais um elemento revelador da centralidade deste conceito no *Caderno 12*].

16 – p. 1.537: *"a escola criativa é o coroamento da escola ativa: na primeira fase se tende a disciplinar e também nivelar, a obter uma espécie de 'conformismo' que se pode chamar de 'dinâmico'; na fase criativa, sobre o fundamento da 'coletivização' do tipo social, se tende a expandir a personalidade, tornada autônoma e responsável, mas com uma consciência moral e social sólida e homogênea".*

[*Obs.*: Acréscimo importante que esclarece o caráter da "escola criativa" que Gramsci aponta para a formação do novo intelectual].

Na segunda nota

1 – p. 1.540: reforma escolar de G. Gentile (não mencionado na primeira redação do *Caderno 4*).

2 – p. 1.541: *"o princípio educativo que fundava as escolas elementares era o conceito de trabalho, que não pode realizar todo o potencial de expansão e produtividade sem um conhecimento exato e realista das leis naturais e sem uma ordem legal que regule organicamente a vida dos homens entre eles, ordem que deve ser respeitada por convicção*

> *espontânea e não só por imposição externa, por necessidade reconhecida e proposta a si mesmos como liberdade e não por mera coerção. O conceito e o fato do trabalho (da atividade teórico-prática) é o princípio educativo imanente na escola elementar [...] que tenha dado todos os seus frutos, que no corpo dos professores tenha existido a consciência da própria responsabilidade e do conteúdo filosófico da própria tarefa, é outra questão, conectada com a crítica do grau de consciência civil de toda a nação, da qual o corpo dos professores era só uma expressão, ainda apequenada, não certamente uma vanguarda".*

[*Obs*.: valorização do princípio educativo que vigorava nas escolas primárias baseadas no trabalho como "atividade teórico-prática" capaz de conectar a "ordem natural" com a "ordem legal", o mundo das coisas com o dos homens, assimilado por convicção, não por imposição].

> 3 – p. 1.542: *"Mas, a consciência da criança não é algo 'individual' (e menos ainda individualizado), é o reflexo da fração de sociedade civil da qual a criança participa, das relações sociais que se costuram na família, na vizinhança, na aldeia. A consciência individual da maioria das crianças reflete relações civis e culturais diferentes e antagônicas às que são representadas pelos programas escolares".*

[*Obs*.: A consciência da criança e a sua formação são descritas e compreendidas no "conjunto das relações sociais" e com os mesmos critérios utilizados para identificar a natureza da personalidade do intelectual, conforme retratada na p. 1.516].

4 – p. 1543-1544: *"Na velha escola o estudo gramatical das línguas latina e grega, juntamente com o estudo das respectivas literaturas e histórias políticas, era um princípio educativo enquanto o ideal humanista, personificado em Atenas e Roma, era difundido em toda a sociedade, era um elemento essencial da vida e da cultura nacional [...] Aprendia-se a conhecer diretamente a civilização dos dois povos, pressuposto necessário da civilização moderna, quer dizer, para ser e conhecer conscientemente a si mesmos".*

[*Obs*.: Explicação do velho princípio educativo com base no ideal humanista da civilização greco-romana que tem integrado toda uma época, argumento histórico que serve para Gramsci preparar o terreno para a criação do novo princípio educativo em consonância com a época moderna e contemporânea].

Na terceira nota

1 – p. 1.550-1.551: *"não se pode separar o* homo faber *do* homo sapiens [...] *O problema da criação de uma nova camada de intelectuais consiste, portanto, em elaborar criticamente a atividade intelectual que existe em cada um com um determinado grau de desenvolvimento [...]como elemento de uma atividade prática geral, que inova perpetuamente o mundo físico e social, para tornar-se o fundamento de uma nova e integral concepção de mundo".*

[*Obs*.: A criação dos novos intelectuais está estritamente vinculada ao desenvolvimento crítico da atividade intelectual que já existe em cada um pelo fato de ser parte das atividades práticas e que precisa ser orientada e desenvolvida para chegar a construir uma "nova e integral concepção de mundo", como veremos delineada no *Caderno 12*].

2 – p. 1551: *"Com base nisso tem trabalhado o semanário L' Ordine Nuovo, de modo a desenvolver certas formas de novo intelectualismo e determinar os novos conceitos, e esta não foi uma das razões menores do seu êxito, porque uma orientação neste sentido correspondia a aspirações latentes e estava em conformidade com o desenvolvimento das formas reais de vida".*

[*Obs.*: No manuscrito do *Caderno 12* consta a abreviação O.N. no lugar de *Ordine Nuovo* como resulta da nota 72 correspondente do *Caderno 4*. Mas, nesta segunda redação, Gramsci explicita a experiência exitosa conduzida pelo O.N. para confirmar que é possível realizar a criação de uma nova intelectualidade e concepção de mundo conectadas com o mundo do trabalhador].

3 – p. 1551: "dirigente" (especialista + político)

[*Obs.*: Trata-se, como veremos, de uma variante substancial e mais avançada em relação à redação do *Caderno 4*, no qual consta: "dirigente" (especialista da política)].

Ainda que sumária, a seleção destas diferenças pode ser suficiente para evidenciar os elementos fundamentais que formam a espinha dorsal do *Caderno 12* e caracterizam a sua originalidade, como veremos nos capítulos a seguir. Mas, é preciso reconhecer que a leitura paralela dos textos mostra também que o trabalho de coleta e de primeira redação realizado no *Caderno 4*, como nos outros *Cadernos miscelâneos*, não representa um depósito aleatório de notas, um amontoado caótico e amorfo de reflexões reunidas a esmo, mas já revela uma orientação e um conteúdo substancial, uma configuração de ideias bastante amadurecida e a marca visível de um direcionamento em torno de temas articulados que irão formar a base do *Caderno "especial" 12*.

Mesmo assim, para reconstruir a genealogia do *Caderno 12* e compreender amplamente o conjunto dos temas nele tratados, embora necessária, a análise comparativa com o *Caderno 4* não é suficiente. As próprias referências às notas do *Caderno 4*, postas ao término de cada parágrafo do *Caderno 12* na edição Gerratana, podem induzir à ideia redutiva de que Gramsci tenha se limitado a esse trabalho de transposição e reelaboração. Ao contrário, quando se avança na leitura metódica e se analisam mais atentamente a trama complexa e a densidade das páginas deste *Caderno "especial"*, se descobre a confluência direta e indireta de um enorme conjunto de anotações e reflexões e uma sábia articulação em torno de um projeto unitário gestado ao longo de planos de trabalho e de indagações disseminadas nos escritos pré-carcerários e carcerários.

Mas, antes de nos adentrar na busca e na amarração dos fios desta trama, na análise detalhada das suas partes e no estudo da sua elaboração teórica, convém focalizar a peculiar construção literária e discursiva dos assuntos mais nevrálgicos e o entrelaçamento das questões centrais que se amalgamam na composição do *Caderno 12*, conferindo ao conjunto uma estrutura unitária.

A trama de assuntos organicamente articulados nas três notas

Passados três anos desde o dia "8 de fevereiro de 1929" (Q 1, p. 5), quando iniciou a escrever o "primeiro caderno" no cárcere e a registrar as anotações nos *Cadernos "miscelâneos"*, na carta enviada a Tânia em 22 de fevereiro de 1932, Gramsci comenta que em relação às "pequenas anotações" (*"noterelle"*) escritas sobre os intelectuais "não sei por onde começar: elas encontram-se esparsas em uma série de cadernos, misturadas com outras diversas notas e deveria juntá-las todas para ordená-las"

(LC, 22/02/1932, p. 537). Em maio do mesmo ano, Gramsci continua hesitando entre continuar a explorar assuntos que se ampliam continuamente nas suas pesquisas ou passar já a organizar seus resultados, aglutinando-os em cadernos temáticos, mesmo que de forma incompleta. De fato, na carta de 2 maio de 1932 que escreve a Tânia revela: "Não sei se vou conseguir lhe enviar o esquema que lhe prometera sobre os 'intelectuais italianos'. O ponto de vista a partir do qual observo a questão, às vezes, muda. Talvez, seja ainda cedo para reunir e sintetizar" (LC, 02/05/1932, p. 569). No entanto, limitado pela vida carcerária, na qual "nem sempre tenho condições de trabalhar" (LC, 03/08/1931, p. 442) e pressionado pelos crescentes sinais de debilitação da saúde, agravada na "máquina monstruosa" da prisão (LC, 19/11/1928, p. 236),[6] Gramsci não demora muito a decidir "reunir e sintetizar" no *Caderno 12* os aspectos mais importantes relativos aos intelectuais, à cultura, à escola e à educação e a sinalizar um conjunto de outras questões com curtas e inspiradoras reflexões.

---

[6] O progressivo agravamento da saúde de Gramsci na prisão pode ser reconstruído por meio dos próprios comentários que ele deixou nas cartas. De fato, Gramsci descreve o progressivo processo da sua debilitação desde os primeiros sintomas (relatados nas cartas de 27/02/1928 e 09/02/1929), até as manifestações mais preocupantes (registradas nas cartas de 20 e 27/07/1931 e 10 e 17/08/1931), quando uma hemoptise dá origem à "primeira grande crise". Depois deste episódio, Gramsci revela que suas "forças de resistência estão perto de entrar em colapso" (LC, 29/08/1932, p. 665) e sente ter "entrado na fase da minha vida que, sem exagero, posso definir catastrófica" (LC, 13/02/1933, p. 747). As cartas de 06/03/1933; 23/04/1933; 29/05/1933; 06/07/1933 revelam que Gramsci chegou ao limite de suas forças e que se sente "fisicamente reduzido a um trapo" (LC, 29/10/1933, p. 828). A gravidade da sua situação se torna tão insustentável que em 19/11/1933 foi transferido para a enfermaria carcerária de Civitavecchia e no dia 07/12/1933 para a clínica Cusumano de Formia. Para uma reconstrução mais detalhada das fases da escrita dos *Cadernos do cárcere* e das crises de saúde, cf. Frosini, F. *Gramsci e la filosofia*. Saggio sui "Quaderni del carcere", Roma: Carocci, 2003. p. 23-27.

A clareza dessas limitações leva Gramsci a acentuar os alertas de que precisa "pesquisar e estudar concretamente" (Q 1, §1, p. 1.515) as diversas questões abordadas e realizar "uma crítica metódica" da bibliografia existente sobre o assunto (Q 1, p. 1.516) e o induz também a lançar "a advertência de que estas observações devem ser verificadas e aprofundadas" (p. 1.524), uma vez que se trata de "esboços" ("*spunti*"). Cautelas, na verdade, sinalizadas em outras ocasiões enquanto redige os *Cadernos do cárcere* (Q 8, p. 935; Q 11, p. 1.365) e registradas também em algumas cartas, quando toca em assuntos que fogem até parcialmente do seu domínio (LC, 30/12/1929, p. 300). Outros indícios que revelam a consciência de que se trata de "apontamentos e notas esparsas", de um material restrito ao essencial, "introdutório" (LC, 17/11/30, p. 364) e não conclusivo podem ser observados pelos conteúdos concentrados entre parêntese (janelas abertas sobre questões a serem desenvolvidas), pelo uso frequente de "etc.", de aspas que sinalizam múltiplos significados de conceitos e a disseminação das expressões: "o critério básico", "o ponto central da questão", "o problema mais interessante", "o aspecto fundamental" etc. Além disso, pelas características, dimensões e ramificações que o material recolhido nas suas investigações vinha adquirindo, Gramsci indica, em um parágrafo exclusivo do *Caderno 12*, que quer encontrar "a forma literária mais adequada" e que "esta pesquisa sobre a história dos intelectuais não será de caráter 'sociológico', mas deve dar lugar a uma série de ensaios de '*história da cultura*' (*Kulturgeschichte*) e de 'história da *ciência política*'" (grifos meus) (p. 1.515). Adotando este método, Gramsci quer demarcar a sua pesquisa diversamente da esquemática estruturação sociológica, destituída de dialética e baseada no método das ciências naturais, conforme fizera N. Bukharin, criticamente analisado na segunda parte do Caderno 11 (p. 1.396). Assim, mesmo reconhecendo o "caráter provisório" do material coletado nas suas notas e com todas as perplexidades e cautelas, Gramsci opta por estruturar o *Caderno 12* com a metodologia derivada da filosofia da práxis, seguindo critérios histórico-políticos e se concentrando nos pontos básicos de uma teoria geral sobre "o novo tipo de intelectual", a concepção de "escola unitária" e de "educação integral", de modo que, percorrendo as três notas, percebe-se a construção de uma trama unitária de assuntos organicamente interligados e progressivamente construídos.

Conteúdos da primeira nota (p. 1.513-1.540)

A concentração nas questões essenciais pelas restrições carcerárias e as precárias condições de saúde se reflectem também na escolha da "forma literária mais adequada". Em consonância com a forma de vida na prisão e com os temas tratados, Gramsci adota uma escrita coloquial, concreta e figurativa e, com a habilidade de um mestre consumado na arte crítica, dialógica e didática, elabora uma narrativa dialeticamente construída, objetiva e impactante. Assim, sem deter-se em preâmbulos, Gramsci entra imediatamente no coração das questões, como acontece no início do *Caderno 12*, aberto com uma interrogação direta e instigante: "Os intelectuais são um grupo social autônomo e independente ou cada grupo social tem a sua própria categoria especializada de intelectuais?". Pergunta crucial, à qual faz seguir logo a sua resposta, já eloquente pela terminologia que utiliza: "todo grupo social" estruturado sobre o "mundo da produção econômica" cria, "organicamente", "categorias de intelectuais que lhe dão homogeneidade e consciência da própria função não apenas no campo econômico, mas também no social e político" (p. 1.513). Para dar lastro a esta afirmação impactante, com uma admirável técnica literária muito figurativa, descreve o modo de agir concreto do moderno *"empresário capitalista"* (grifos meus, inclusive outros desta página) que *"cria"* ao seu redor uma rede de intelectuais especializados ("o técnico da indústria, o *cientista* da *economia política*, o *organizador de uma nova cultura*, de um novo direito etc. etc."), os quais contribuem para o desenvolvimento e o sucesso da empresa. Assim agindo, o empresário adquire "capacidade *dirigente e técnica (ou seja, intelectual)*" não apenas na sua atividade específica, mas também em "outras esferas", um processo que o leva a tornar-se um "organizador de massas de homens" e a ser *"dirigente"* (variante estratégica que não consta na nota correspondente do *Caderno 4*) "da sociedade em geral, em todo o seu complexo organismo de serviços, inclusive no *organismo estatal*" (p. 1.513). Com uma descrição muito sugestiva, que sintetiza conceitos fundamentais para a estrutura do *Caderno 12*, Gramsci prepara o terreno para o contraponto que irá desenvolver na nota final do *Caderno*. Da mesma forma, com uma terminologia reveladora que emprega repetidas vezes *"organicamente"*, *"organismo de serviços"*, *"organismo estatal"* e focaliza o conceito de *"dirigente"*, logo na abertura, crava indicações claras para entender o sentido da sua inovadora locução *"intelectual orgânico"* e de *"dirigente"* (p. 1.514), desdobrados e aprofundados progressivamente ao longo do *Caderno*. Observe-se, também, que no final deste primeiro parágrafo, com uma consideração que falta na nota correspondente do *Caderno 4*, Gramsci coloca em contraposição uma das questões fundamentais que pretende enfrentar: "a massa dos camponeses, embora desenvolva uma função essencial no mundo da produção, não elabora seus próprios intelectuais 'orgânicos' [...] ainda que da massa dos camponeses outros grupos sociais assimilem muitos dos seus intelectuais e parte considerável dos intelectuais tradicionais seja de origem camponesa" (p. 1.514).

Diversamente dos intelectuais, "orgânicos" ao moderno modo de produção que estabelece os rumos da sociedade, no segundo ponto (p. 1.514-1.515) desta primeira nota, Gramsci caracteriza os intelectuais "tradicionais" como "categorias sociais preexistentes e representantes de uma continuidade histórica ininterrupta", consagrados ao culto da tradição e a um saber erudito que os leva a se considerarem "autônomos e independentes", mas, na prática, desvinculados do "novo grupo social que representa organicamente a nova situação histórica, são um restolho conservador e fossilizado do grupo social historicamente superado" (Q 11, §16, p. 1.407). A mais típica categoria é a dos "eclesiásticos" que por um longo tempo concentraram o monopólio do saber e da ideologia por meio de um conjunto capilar de atividades e que se mantiveram organicamente vinculados à "aristocracia fundiária", com a qual dividiram o poder e os privilégios. Com o advento da monarquia e do absolutismo, foram se criando outras categorias: "a aristocracia da toga", contingentes de "administradores, cientistas, teóricos, filósofos não eclesiásticos etc." (p. 1.515). A conotação de "tradicional" pode levar a pensar que Gramsci esteja se referindo apenas aos intelectuais vinculados a épocas passadas que ficaram estagnados e deixaram de se renovar e atualizar. No entanto, na consideração exclusiva do *Caderno 12*, com uma avaliação na contramão do pensamento predominante em seu tempo, chega a afirmar que "é possível conectar toda a filosofia idealista com a posição assumida pelos intelectuais tradicionais" (p. 1.515), associando "o papa e a alta hierarquia" a "Gentile e Croce", ícones da intelectualidade da época e grandes expoentes do liberalismo e do fascismo, a serem combatidos, como veremos mais adiante.

A distinção entre intelectuais "orgânicos" e "tradicionais", com um crescendo argumentativo a partir de realidades concretas e situados na "história da cultura", oferece a Gramsci os elementos para delinear o critério fundamental que configura efetivamente um intelectual, reconectando-se, assim, ao quadro desenhado na abertura do caderno: "O erro metódico mais difundido, parece-me, é ter procurado esse critério de distinção no intrínseco das atividades intelectuais e não no conjunto do sistema de relações nas quais estas atividades (e, portanto, os grupos que as personificam) estão inseridas, no todo das relações sociais" (p. 1.516).

Este critério ressente da definição posta na VI *Tese sobre Feuerbach*: "A essência do homem não é uma abstração inerente ao indivíduo isolado. Na sua realidade, ela é o conjunto das relações sociais" (Marx; Engels, 1998, p. 101). De fato, da mesma forma que Marx não separa o pensamento das atividades materiais e mostra que a fabricação de conceitos e teorias não acontece no vazio da mente, mas em determinados processos histórico-econômicos-políticos concretos, a análise de Gramsci se baseia não em uma presumível natureza abstrata e universal do intelectual, mas nas funções concretas exercidas no mundo da produção e na "função organizativa da hegemonia social e do domínio estatal" (p. 1.519). Gramsci desconstrói, assim, a imagem do intelectual difusa no senso comum visto como um ser superior, neutro e apolítico e passa a compreendê-lo pelas atividades que desempenha no contexto histórico, pela sua vinculação de classe, pelas escolhas que assume a favor da manutenção do sistema ou da sua superação e recriação. Para Gramsci, uma vez que o ser humano constitui um todo, uma unidade incindível nas suas múltiplas atividades materiais e intelectuais em determinadas condições históricas, "em todo trabalho físico, até o mais mecânico e degradado, existe um mínimo de qualificação técnica, ou seja, um mínimo de atividade intelectual criadora" (p. 1.516).

O resultado destas abordagens básicas leva Gramsci a declarar que "todos os homens são intelectuais" (p. 1.516), uma afirmação surpreendente e crucial na estrutura de todo o *Caderno 12* que será progressivamente explicitada e aprofundada ao longo das três notas, até culminar na síntese final do §3. Tecendo considerações que partem sempre da história, Gramsci mostra que os intelectuais "se formam em conexão com todos os grupos, especialmente, com os mais importantes e [...] com o grupo social dominante". No mundo moderno, com a expansão do "sistema social democrático-burocrático", tem ocorrido uma ampliação inédita dos intelectuais e uma "multiplicação de especializações" em todos os campos da ciência, da arte, da técnica, da produção e da organização do Estado. Introduz, assim, outros tópicos centrais do *Caderno 12*: a estreita relação dos intelectuais com a expansão do Estado e a democratização da alta cultura e da técnica superior. Partindo deste fenômeno sustenta que a consistência e o grau de civilização de um Estado podem ser medidos pela extensão e complexidade da escola, dos institutos de cultura e do avanço sofisticado da ciência e da industrialização (p. 1.518). Assim, para confirmar a sua tese de que "a mediação profissional é dificilmente separável da mediação política" (p. 1.521), Gramsci mostra o papel político estratégico da "função organizativa e conectiva" dos intelectuais no âmbito da superestrutura, no qual operam nos dois grandes planos: "a sociedade civil", ou seja, o conjunto de organismos vulgarmente considerados "privados" e a "sociedade política ou Estado", esferas que garantem a hegemonia e o domínio, ou seja, o consenso "espontâneo" dado pelas grandes massas ao grupo fundamental dominante e a coerção conduzida pelo aparelho estatal.

A configuração destes dois planos prepara o terreno para Gramsci entrar no mérito de um dos pontos mais delicados e estratégicos das suas reflexões: os intelectuais e o partido político (p. 1.522-1.523). Pois, é neste âmbito que "outros grupos sociais" podem "elaborar a própria categoria de intelectuais orgânicos, que se formam [...] diretamente no campo político e filosófico e não no âmbito da técnica produtiva". De fato, "o partido político [...] na sociedade civil cumpre [...] a função fundamental de elaborar os próprios componentes, elementos de um grupo social nascido e desenvolvido como 'econômico', até levá-los a se tornarem intelectuais políticos qualificados, dirigentes, organizadores de todas as atividades e funções inerentes ao orgânico desenvolvimento de uma sociedade integral, civil e política" (p. 1.522). Sem deixar de reconhecer a diversidade das funções e a distinção de graus, Gramsci não separa a atividade intelectual e política da organizativa e educativa e lança outra afirmação surpreendente, sustentando que "Todos os membros de um partido político devem ser considerados intelectuais", pois, "importa a função que é diretiva e organizativa, ou seja, educativa, quer dizer, intelectual". Pela especificidade de ser um autêntico "intelectual orgânico" coletivo, em condições de articular trabalho-técnica-ciência-educação-política e formar a todos como "dirigentes", mais do que na "atividade econômico-corporativa" do sindicato, é "no partido político que os elementos de um grupo social econômico superam este momento do seu desenvolvimento histórico e se tornam agentes de atividades gerais, de caráter nacional e internacional" (p. 1.523). Temos, aqui, já uma explicação preliminar bastante clara do conceito de "dirigente" que Gramsci vai desenvolver ao longo do *Caderno* até culminar no §3.

Contrariamente aos intelectuais "funcionários" da classe dominante que "não possuem nenhuma iniciativa autônoma" e que ficam submetidos a realizar "a execução imediata do plano estabelecido pelo Estado Maior da indústria" (p. 1.520), no partido os operários e as classes subalternas encontram as condições para se expressar livremente, para se reconhecer como classe, se constituir como sujeitos ativos, para se organizar politicamente e se educar pelo compartilhamento democrático de todas as responsabilidades. "Intelectual orgânico" da classe operária nos conselhos de fábrica em Turim e secretário do PCI, Gramsci traz aqui a sua experiência concreta e com uma admirável dialética, em contraposição ao "empresário capitalista" retratado na abertura, mostra que o partido cumpre uma autêntica tarefa educativa e orgânica ao criar um espaço democrático de protagonismo coletivo, de relações igualitárias e de participação criativa na construção de um projeto socializador do poder econômico e político de envergadura nacional e internacional, muito maior que a atuação do próprio Estado da classe dominante, no qual a participação é "medíocre" e, muitas vezes, "nem acontece" (p. 1.522).

Nas trilhas de uma "história da Ciência Política", Gramsci mostra que a importância da função dos intelectuais emerge ainda mais quando se olha para a sua atuação e evolução na formação de diversas nações. Assim, nas páginas 1.524-1.530, Gramsci condensa um pequeno esboço do papel dos intelectuais em vários países, focalizando particularmente como os "tradicionais" operam pela manutenção do *status quo* e os "orgânicos" para promover um projeto moderno de Estado baseado nas forças de caráter "nacional-popular". Registrado como "uma memória" a ser posteriormente desenvolvida em diversos ensaios de "história da cultura", o elenco de países compreende França, Rússia, Estados Unidos, Inglaterra, Alemanha, Japão, China e Índia. Ao tratar da "América do Sul e Central" (em que menciona também o Brasil), não deixa de ser admirável o grau de informação e de percepção que Gramsci demonstra em relação às questões cruciais desta região e à atuação dos intelectuais. Observa, de fato, que na base dos países sul-americanos havia a marca da

> civilização espanhola e portuguesa dos séculos XVI e XVII, caracterizada pela Contrarreforma e pelo militarismo parasitário. As cristalizações resistentes ainda hoje nestes países são o clero e uma casta militar, duas categorias de intelectuais tradicionais fossilizadas na

forma da metrópole europeia. A base industrial é muito restrita e não desenvolveram superestruturas complexas: a maioria dos intelectuais é de tipo rural e, uma vez que predomina o latifúndio com extensas propriedades eclesiásticas, estes intelectuais estão vinculados ao clero e aos grandes proprietários. (p. 1.528-1.529)

Além disso, Gramsci relata o desequilíbrio de composição entre as raças, a inconsistência da "política laica do Estado moderno", a influência da "Maçonaria e o tipo de organização cultural como a 'Igreja positivista'" (p. 1.528-1.529). Cabe observar que no *Caderno 1*, §107, uma nota de redação única (texto B) com um conteúdo próximo ao que conflui no *Caderno 12*, Gramsci havia também registrado que na América do Sul dominada por "oligarquias tradicionais", "A maçonaria e a Igreja positivista são as ideologias e as religiões laicas da pequena burguesia urbana, às quais adere em grande parte o assim chamado sindicalismo anárquico" (p. 98). Considerações sobre a "cultura maçônico-iluminista, que deu origem às Igrejas positivistas" e outros dados recolhidos sobre "América central e meridional", a sua "latinidade", o seu fracionamento e a submissão aos Estados Unidos, encontram-se também no *Caderno 3*, §5 (p. 290-291), outro texto de redação única.

Resgatamos estas notas não só para complementar os dados relatados no *Caderno 12* e documentar a ampla visão e as proporções que a sua pesquisa vinha assumindo, mas, também para desfazer a impressão de que Gramsci se propunha um empreendimento titânico e pretensioso, irrealizável nas condições de trabalho no cárcere. Na verdade, quando se observam as numerosas anotações esparsas nos *Cadernos miscelâneos* sobre os intelectuais, a cultura e a educação em diferentes países (inclusive no mundo islâmico e africano), além dos mencionados acima, percebe-se que Gramsci reúne nestas páginas do *Caderno 12* apenas alguns elementos e uma síntese muito compactada da multiplicidade de questões registradas nas notas anteriores (principalmente no *Caderno 3*) e às quais é preciso sempre se remeter para um estudo mais específico e detalhado.

A segunda parte da primeira nota (p. 1.530-1.540), que Gramsci continua a escrever após algumas linhas deixadas em branco no manuscrito, é introduzida com um parágrafo "charneira", um anel de conjunção muito esquemático que menciona "diversos aspectos da questão dos intelectuais, além dos abordados acima" e, ao mesmo tempo, aponta métodos e problemas do "trabalho intelectual" em outros âmbitos da sociedade: "escola, academia, círculos de diverso tipo, instituições de elaboração colegial da vida cultural, revistas e jornais" (p. 1.530). Desta forma, Gramsci conecta as reflexões sobre os intelectuais com as questões relativas à cultura, à escola e à educação. Também neste caso, parte da observação concreta de que a diversidade e complexidade das atividades práticas que se desenvolvem "na civilização moderna" levam a criar escolas específicas para profissões especializadas gerando novos grupos de intelectuais. Chama, assim, a atenção sobre as mudanças significativas na maneira de atuar dos "órgãos deliberativos" e das novas "lideranças" que recorrem a técnicos e "pessoal especializado" para resolver problemas cada vez mais complexos da sociedade. Partindo da sua própria experiência nas redações de jornais e na vida partidária, descreve um outro fenômeno singular que é o trabalho "orgânico" que ocorre entre os diretores e sua equipe. Aprofundando o contraponto com o quadro do mundo da produção econômica descrito no início da nota, Gramsci mostra que a complexidade do conhecimento, da vida social e da atividade política exigem cada vez mais a organização de um trabalho colegiado que possa orientar e dar substância às deliberações do dirigente e do redator. Por isso, em torno do moderno "dirigente" se reúnem "especialistas" que funcionam como "círculos de cultura" e formam um "grupo homogêneo de intelectuais" com "orgânicas condições de trabalho", capaz de se educar coletivamente e gerar uma disciplina de estudo (p. 1.533).

Levando em conta estas novas dinâmicas de aprendizagem e criticando o "processo caótico" que tem criado, ao lado da escola "humanista" tradicional (de "cultura geral", voltada a desenvolver "a potência fundamental de pensar e de saber dirigir-se"), um conjunto de "escolas profissionais especializadas nas quais o destino do estudante e sua futura atividade são predeterminados" (p. 1.531), em três sucessivas e complementares formulações, Gramsci explicita a sua concepção de "escola unitária". Uma proposta que visa superar não só a separação estabelecida entre a escola clássica reservada para as classes dominantes e a "escola profissional para as classes instrumentais", mas que aponta o caminho para a construção de uma nova sociedade. Delineada já na p. 1.531 como "escola única inicial de cultura geral, humanística, formativa, que harmonize com justa dose o desenvolvimento da capacidade de trabalhar manualmente (tecnicamente, industrialmente) e o desenvolvimento das capacidades do trabalho intelectual", com seu "ritmo de pensamento em progressão", Gramsci retoma a proposta da "escola unitária" na p. 1.534 e define mais amplamente o seu caráter que "deveria se propor a inserir na atividade social os jovens depois de conduzi-los a certo grau de maturidade e capacidade para a criação intelectual e prática e de autonomia na orientação e na iniciativa".

As últimas páginas (1.534-1.540) da primeira nota são dedicadas à organização concreta da "escola unitária", que, para poder se realizar, "demanda que o Estado possa assumir as despesas". Deste modo, ao tornar-se "pública", a educação poderá "envolver todas as gerações sem divisões de grupos ou castas" (p. 1.534). Com uma duração em torno dos dez anos, dividida nos dois graus de "primária e média", que corresponderiam de certa forma ao nosso ensino fundamental, "a escola unitária deveria ser organizada como colégio, com vida coletiva diurna e noturna, liberta das atuais formas de disciplina hipócrita e mecânica, e o estudo deveria ser feito coletivamente, com a assistência dos mestres e dos melhores alunos" (p. 1.536). A última fase da escola unitária deve tornar-se cada vez mais criativa e formar para "a autodisciplina intelectual e a autonomia moral necessária para a ulterior especialização seja de caráter científico (estudos universitários) seja de caráter imediatamente prático--produtivo (indústria, burocracia, comércio etc.)". Ao desenvolver a maturidade intelectual e o aprendizado dos métodos de estudo e pesquisa, em que o mestre exerce só a função de guia amigável, a "escola criativa" vai além da "escola ativa", uma vez que "visa a expandir a personalidade, autônoma e responsável, com uma consciência moral e social sólida e homogênea" (p. 1.537). Com uma terceira ampliação conceitual que já demarca sua distinção em relação à "escola ativa", Gramsci conclui, então, que "a realização da escola unitária significa o início de novas relações entre trabalho intelectual e trabalho industrial não apenas na escola, mas em toda a vida social" (p. 1.538), o que deve levar a integrar produção e ciência, vida e cultura, cidade e campo, universidades e atividades profissionais.

Conteúdos da segunda nota (p. 1.540-1.550)

Gramsci inicia também a segunda nota, *Osservazioni sulla scuola: per la ricerca del principio educativo*, sem preâmbulos e com uma consideração básica direta: "A fratura da reforma Gentile entre escola primária e média de um lado e escola superior de outro". Posto no título da nota, ao longo do parágrafo que se estende nas páginas 1.540-1.541, o "princípio educativo" é o objetivo central da focalização de Gramsci. Sempre partindo da história, observa que antes da reforma Gentile, as escolas primárias garantiam às crianças "as primeiras noções de ciências naturais e as noções de direitos e deveres do cidadão", cuja aprendizagem visava "facilitar o trabalho, que é o modo próprio do homem de participar ativamente da vida da natureza para transformá-la e socializá-la", de modo que, "o princípio educativo na base das escolas primárias era o conceito de trabalho". Gramsci, assim, já firma a sua posição que será progressivamente desdobrada e aprofundada: "O conceito do equilíbrio entre ordem social e ordem natural sobre o fundamento do trabalho, da atividade teórico-prática do homem, cria os primeiros elementos de uma intuição do mundo, liberta de toda magia e bruxaria e dá lugar ao desenvolvimento ulterior de uma *concepção histórica, dialética, de mundo*" (p. 1.541), capaz de conectar o presente ao passado e ao futuro e promover "a crítica do grau de *consciência civil de toda a nação*" (grifos meus). Uma formulação que já deixa evidente a junção inseparável no processo educativo entre trabalho-filosofia-educação-política.

Tais premissas permitem a Gramsci, nas páginas 1.541 a 1.542, contrastar a pedagogia idealista e argumentar que "não é completamente correto que a instrução não seja educação". A educação e a consciência da criança, de fato, não são abstratas nem um mero dado individual, mas recebem a influência "da sociedade civil da qual participa, das relações sociais que se estreitam na família, na vizinhança, na aldeia etc.". Portanto, quando não se estabelece a unidade entre escola e vida, elimina-se a relação necessária entre instrução e educação, cuja responsabilidade maior cabe ao "trabalho vivente do mestre" que deve ser capaz de construir tal nexo fundamental e tem a tarefa de promover, acelerar e disciplinar a formação da criança não "conforme esquemas abstratos", com palavreado vazio e métodos retóricos, prescindindo da "corposidade material" do "certo". Os novos programas da reforma escolar eliminaram os conteúdos considerando-os obsoletos, a "bagagem" do conhecimento que é necessária possuir e, ao perder o contato com a história, os fatos e a realidade concreta, o aluno "enche a cabeça de fórmulas e palavras sem sentido que logo são esquecidas" (p. 1.542).

Em contraste com a superficialidade e o imediatismo das "modernas" escolas profissionais, Gramsci reconhece o valor que tinha a escola organizada conforme a velha lei Casati, na qual "o estudo das línguas latina e grega, juntamente com o estudo das respectivas literaturas e histórias políticas, era princípio educativo, como ideal humanístico de Atenas e Roma, difundido em toda a sociedade, era elemento essencial da vida e da cultura nacional" (p. 1.543). Obviamente, com o declínio desta época, será necessário substituir o latim e o grego, mas, o estudo deve ser mantido formativo e "desinteressado", diversamente do tipo de "escola para o povo", "exaltada como democrática", mas que é empobrecida e concomitante com "as divisões de 'ordens' juridicamente fixadas e cristalizadas" (p. 1.548).

Em síntese, Gramsci propõe uma escola moderna integral (na qual se aprende a ciência mais avançada juntamente com a formação humanista), pública (a cargo do Estado e do envolvimento das gerações adultas), democrática (com relações interativas entre os estudantes e entre mestre-aluno), socializadora (pela partilha do estudo coletivo e a conexão com a realidade social), mas também uma escola de disciplina e conteúdos (p. 1.549), adquiridos com métodos didáticos e um sistema de trabalho protagonizado por todos. Assim, no final da segunda nota, sem esconder a realidade e iludir ninguém, com um dos retratos mais tocantes, deixa claro que:

> É preciso persuadir muita gente que também o estudo é um ofício, e muito trabalhoso, com um tirocínio especial próprio, além de intelectual, também muscular-nervoso: é um processo de adaptação, é um hábito adquirido com o esforço, o tédio e também o sofrimento.

A participação de mais amplas massas na escola média traz consigo a tendência a afrouxar a disciplina do estudo, a recorrer a 'facilidades'. Muitos pensam até que as dificuldades são artificiosas, porque acostumados a considerar trabalho e fadiga só o trabalho manual [...] estas questões podem tornar-se muito ásperas e precisará resistir à tendência de tornar fácil o que não pode sê-lo sob pena de ser desnaturado. Se se quiser criar uma nova camada de intelectuais, até às mais elevadas especializações, de um grupo social que tradicionalmente não chegou a desenvolver as aptidões adequadas, será preciso superar dificuldades inauditas. (p. 1.549-1.550)

Conteúdos da terceira nota (1.550-1.551)

Diante do declínio da escola tradicional, que não correspondia mais às transformações do mundo moderno e da ineficácia dos modelos propostos pelo movimento pedagógico da "escola nova" e "ativa", que não chegavam a oferecer soluções plenas às demandas das massas populares, na última nota, Gramsci traça os elementos fundamentais para a constituição de um "novo princípio educativo". Em pouco mais de uma página e passando a impressão de quem se apressa a finalizar, esta terceira e última nota retoma a questão dos intelectuais, conectando-a com a nova concepção de educação que entrelaça dialeticamente braço e cérebro ("*braccio* e *cervello*", conforme o título da nota correspondente no *Caderno 4*). Ao mesmo tempo em que reconhece que "há diversos graus de atividade específica intelectual", Gramsci reafirma o ponto central e impactante de que "todos são intelectuais", enunciado na primeira nota, mas, aqui, reapresentado pelo negativo: "não intelectuais não existem", uma vez que

> não há atividade humana da qual se possa excluir toda intervenção intelectual, não se pode separar o *homo faber* do *homo sapiens*. Todo homem, fora da sua profissão, desempenha alguma atividade intelectual, quer dizer, é um 'filósofo', um artista, um homem de gosto, participa de uma concepção de mundo, possui uma linha consciente

de conduta moral, portanto, contribui a sustentar ou modificar uma concepção de mundo. (p. 1.551)

Para formar novos intelectuais, portanto, não se deve ignorar a experiência que cada indivíduo traz consigo, mas é preciso levar em conta "a elaboração crítica da atividade intelectual que existe em cada um, em um determinado grau de desenvolvimento", sabendo criar um novo equilíbrio entre a atividade muscular-nervosa e intelectual e considerando que existe "uma atividade prática geral que inova perpetuamente o mundo físico e social, [para] tornar-se o fundamento de uma nova e integral concepção de mundo" (p. 1.551).

Estas convicções de Gramsci derivam da sua experiência concreta de político, intelectual e educador, do envolvimento com os conselhos de fábrica, da militância na vida partidária, dos anos dedicados ao jornalismo e à revista semanal *Ordine Nuovo*, na qual foram desenvolvidas "formas de novo intelectualismo", correspondentes "às aspirações latentes e conforme ao desenvolvimento das formas reais de vida" dos trabalhadores na produção, na ação política, na cultura, do "homem ativo de massa", que "opera praticamente, mas não tem uma clara consciência *deste seu operar que é também um modo de conhecer o mundo enquanto o transforma*" (grifos meus) (Q 11, §12, p. 1.385).

Conectando-se com a referência mencionada na primeira nota (p. 1.516), Gramsci rechaça frontalmente "a frase de Taylor sobre o 'gorila amestrado'", que, como explica na nota sobre "americanismo e fordismo" do *Caderno 4*, "expressa com cinismo e sem subterfúgios o objetivo da sociedade americana: desenvolver ao máximo no homem trabalhador a parte maquinal, quebrar o velho nexo psicofísico do trabalho profissional qualificado que exigia uma certa participação da inteligência, da iniciativa, da imaginação do trabalhador, para reduzir as operações de produção exclusivamente ao aspecto físico" (Q 4, §52, p. 489). Ao contrário, neste final condensado do *Caderno 12* afirma que "a educação técnica, estreitamente vinculada ao trabalho industrial até o mais primitivo ou desqualificado, deve formar a base do novo tipo de intelectual". No entanto, juntamente com a técnica e a ciência, Gramsci associa de modo inseparável a educação humanista, histórica e política, o entrelaçamento dialético com a qual forma o "novo princípio educativo". Pois, agora, este deve ser construído em torno do conceito de "dirigente", explicitando ainda mais o conceito de "governante" da nota anterior (p. 1.547-1.548) e deixando claro que o objetivo da educação não é formar "cidadãos" funcionais ao sistema vigente, mas criar condições para que todos se tornem "dirigentes" (especialistas + políticos), de modo que possam se qualificar e autodeterminar na atividade produtiva mais avançada e na política ativa para "dirigir" coletivamente a sociedade recriada sobre novas, democráticas, bases: uma concepção totalmente inaudita e revolucionária de intelectual, escola e educação.

Não é só aqui que Gramsci resume com uma fórmula em formato de equação o desenvolvimento de um conjunto de argumentações. E não se trata apenas de um engenhoso efeito de arte literária, como as numerosas imagens extraídas da realidade concreta que constelam seus escritos, mas, principalmente, de um recurso didático muito marcante que ajuda a fixar na memória ideias fundamentais. Na verdade, além de um sofisticado intelectual e político de amplo conhecimento e acuidade, Gramsci é um educador de larga maestria voltado a catalisar a atenção e se fazer entender por um vasto público, principalmente pelas classes trabalhadoras e populares.

O manuscrito do *Caderno 12* se interrompe na página 24, deixando o restante das folhas do caderno em branco e passando a impressão de algo incompleto, mantido em aberto, na expectativa de poder retomar e continuar em outro momento, com melhores condições de trabalho. O "final" lapidar com o qual o *Caderno 12* se fecha retrata o "modo de ser do novo intelectual" e as componentes de uma educação integral de forma que cada ser humano possa tornar-se "dirigente" não só pela qualificação do trabalho, mas, também, pela necessidade da formação política, objeto mais específico do *Caderno 13*.

Neste quadro sintético das três notas, voltado a obter uma visão geral do todo e dos aspectos mais centrais, já evidenciamos questões que vão ser retomadas e esmiuçadas, progressiva e dialeticamente, nos capítulos seguintes, juntamente com muitas outras. Aqui, em uma visão global, importava mostrar que, por intermédio da análise empírica e histórica e por meio de uma construção literária dialética e uma crescente reflexão teórica, o conjunto multifacetado e complexo do *Caderno 12*, denso de assuntos interconectados em uma espiral progressiva, constitui-se essencialmente articulado em torno dos temas estruturais "intelectual orgânico" – "escola unitária" – "educação integral" e do "novo princípio educativo", componentes que conferem uma unidade de fundo e uma concepção "orgânica" às três notas deste escrito monográfico.

2. CONEXÕES DO *CADERNO 12* COM A OBRA DE GRAMSCI

Já evidenciamos que na redação do monográfico *Caderno 12* não ocorre apenas a reelaboração de alguns parágrafos do *Caderno 4*, mas também a confluência de numerosas reflexões disseminadas nos escritos de Gramsci e amadurecidas ao longo da sua intensa e peculiar experiência de intelectual, de dirigente político e educador. Escrito no auge da produção carcerária (1932),[7] com uma construção sintética e dialética que pode ser considerada a sua *Paideia* (Maltese, 2010, p. 12), o *Caderno 12* torna-se a culminância de um longo processo de indagações e de meditações esparsas sobre os intelectuais e a nova concepção de escola e de educação que foram se delineando em diversos textos dos *Cadernos do Cárcere*, das *Cartas do Cárcere* e dos escritos pré-carcerários. Na verdade, o próprio modo de pensar

---

[7] G. Francioni e G. Cospito sustentam que "É muito provável que o início do Q 12 pertença ao mesmo período em que Gramsci começa os primeiros 'especiais'". De acordo com a cronologia estabelecida por esses autores, um conjunto de indícios leva a supor que o Q 10 tenha sido iniciado em abril de 1932 e "a redação do Q 12 não deve ter ido além de maio de 1932", antes de encaminhar o Q 13 (1932-1933) (Gramsci, A. "Introduzione" al Quaderno 12 (1932). *In*: Gramsci, A., *Quaderni del carcere. Edizione anastatica dei manoscritti, op. cit.*, p. 161).

e de escrever de Gramsci não permite uma leitura segmentada e setorial. Para uma compreensão mais precisa do significado do conjunto das questões que se concentram no *Caderno 12*, portanto, será necessário recuperar os elos mais significativos registrados na sua obra que contribuíram para a gênese e a composição deste *Caderno "especial"*. Conforme o próprio Gramsci aponta em "questões de método" (Q 16, §2), este trabalho de resgate não deve se limitar apenas a levantar e enumerar textos, mas precisa se adentrar "no conjunto do desenvolvimento do variado trabalho intelectual em que os elementos da concepção [do autor] estão implícitos [...]. A pesquisa do *leitmotiv*, do ritmo do pensamento em desenvolvimento deve ser mais importante do que as afirmações casuais e os aforismos desconexos" (p. 1.841-1.842).

As sementes nos escritos pré-carcerários

Desde os anos juvenis, quando dirigia o jornal cotidiano *Avanti!* e colaborava com o semanal *Il Grido del Popolo*,[8] Gramsci escreveu diversos textos relativos à função dos intelectuais e orientados para a formação cultural e a educação política dos operários e das classes proletárias. Tratando-se de um campo extenso, aqui, indicamos apenas uma seleção destes escritos, evidenciando conceitos e aspectos principais que preparam o terreno dos temas que confluem no *Caderno 12*. Como é possível deduzir da carta escrita a Tatiana em 17 de novembro de 1930, Gramsci pesquisava, ainda no início dos anos 1920, o papel dos intelectuais na difusão da cultura funcional à classe dominante: "Na verdade, a coisa não é completamente nova para

---

[8] Na redação do jornal *Avanti!* Gramsci foi crítico teatral e cronista cultural entre 1916 e 1918. A partir de agosto de 1917, com a prisão dos redatores do semanal *Il Grido del Popolo*, passou a dirigir esta publicação.

mim, porque faz uns dez anos escrevi um ensaio sobre a questão da língua segundo Manzoni e isto me exigiu uma certa pesquisa sobre a *organização da cultura italiana*" (LC, 17/11/1930, p. 364). No entanto, ainda antes deste período, é possível verificar como a sua precoce atividade de jornalista e de militância política já o levara a travar um destemido embate contra a imprensa burguesa "que serve a classe dominante e combate a classe trabalhadora",[9] que "envenena a opinião pública e a conduz" pelo caminho que interessa a um determinado "grupo de financistas e especuladores".[10] Portanto, uma vez que "uma meia dúzia de proprietários de jornais se impõe ao interesse e também à vontade de toda uma nação", é fundamental boicotá-los.[11]

Um retrato do grau elevado de amadurecimento intelectual e político do jovem Gramsci pode ser visto no artigo "Socialismo e cultura", publicado em *Il Grido del Popolo*, em 29/01/1916. Neste célebre texto, Gramsci critica a cultura abstrata, o "saber enciclopédico" que faz do estudante "um recipiente" no qual se "depositam dados empíricos, fatos brutos e desarticulados" e ironiza a arrogância dos que conseguiram "arrancar um pedaço de diploma à negligência dos professores" e se sentem "superiores ao melhor operário especializado". Ao contrário, explica que a cultura não é "pedantismo", mas consiste em "compreender o próprio valor histórico, a própria função na vida, os próprios direitos e deveres". Sustenta que a formação da própria consciência crítica não é fruto de uma evolução espontânea e natural, mas resultado de um extenso trabalho cultural conectado com as lutas que

---

[9] Gramsci, A. *Avanti!*."I giornali e gli operai", 22/12/1916. *In*: Gramsci, A., *Scritti giovanili* 1914-1918. Torino: Einaudi, 1972, p. 54.
[10] Gramsci, A. *Avanti!* "La maschera che cade", 24/12/1916. *In*: Gramsci, A., *Scritti giovanili, op. cit.*, p. 60-61.
[11] Gramsci, A. *Avanti!* "Un giornale borghese cos'è", 23/12/1916. *In*: Gramsci, A., *Scritti giovanili, op. cit.*, p. 57.

se travaram na história e que "toda revolução tem sido preparada por um intenso trabalho de crítica, de penetração cultural". O ambiente que permitiu chegar, de fato, à Revolução Francesa foi fertilizado pelo Iluminismo, por intermédio do qual "veio se formando em toda a Europa uma consciência unitária, uma internacional espiritual burguesa".[12]

Contra as disposições do governo italiano que legitimava a divisão social com a seletividade escolar e deturpava o significado da "escola do trabalho" dos socialistas reduzindo-a à "escola do emprego", em 8 de abril de 1916, no jornal *Avanti!*, Gramsci observava que a escola "desinteressada", de cultura geral e formação clássica, era "um privilégio de quem pode pagar", enquanto ao operário absorvido pelo trabalho extenuante sobravam migalhas e eram negadas as condições de estudar seriamente.[13] Em 18 de julho do mesmo ano, no artigo "A escola do trabalho", Gramsci retoma a questão do fosso existente entre a escola clássica e o ensino precário relegado ao processo de "mecanização" das escolas "técnicas" reservadas ao proletariado,[14] um assunto sobre o qual volta a escrever em 24 de dezembro de 1916, no jornal *Avanti!*, com o artigo que se tornará particularmente notório, intitulado "Homens ou máquinas?".[15] Nesse texto impactante, associando-se às posições do professor de filosofia Zino Zini, vereador da prefeitura de Turim, que se opunha à separação entre ensino humanista e profissional, Gramsci reitera a necessidade de uma perspectiva "unitária" nos métodos de

---

[12] Gramsci, A., *Cronache Torinesi 1913-1917*, a cura di S. Caprioglio. Torino: Einaudi, 1980, p. 99-103 (Cf., também, o mesmo artigo publicado em português: A. Gramsci, *Escritos políticos*. [edição C. N. Coutinho]. Rio de Janeiro: Civilização Brasileira, 2004. v. 1, p. 56-61).

[13] Gramsci, A., *Cronache Torinesi 1913-1917*, op. cit., p. 536-537.

[14] Gramsci, A., *Cronache Torinesi 1913-1917*, op. cit., p. 440.

[15] Gramsci, A., *Cronache Torinesi 1913-1917*, op. cit., 669-671 (Cf. Gramsci, A. *Escritos Políticos*, op. cit., p. 73-76).

ensino capaz de relacionar teoria e prática: "Antes do operário – escrevia – existe o homem, ao qual não se deve fechar a possibilidade de se abrir aos amplos horizontes do espírito, no lugar de escravizá-lo logo à máquina". Para a classe trabalhadora, então,

> é necessária uma escola desinteressada. Uma escola na qual seja dada à criança a possibilidade de se formar, de tornar-se homem, de adquirir critérios gerais que servem para o desenvolvimento do caráter [...] uma escola que não hipoteque o futuro da criança obrigando a sua vontade, a sua inteligência, a sua consciência em formação a andar dentro de uma bitola com estação já marcada. Uma escola de liberdade e de livre iniciativa e não uma escola mecânica e de escravidão. Também os filhos dos proletários devem ter diante de si todas as possibilidades.

Neste sentido, Gramsci combate a escola entendida como "laboratório" para treinar técnicas e funções a serviço do sistema, uma "incubadora de pequenos monstros [...] sem ideias gerais, sem cultura, sem alma", voltada a preparar apenas instrumentos com "olho infalível e mão firme", "operários-máquinas" no lugar de "operários-homens".

As suas posições em relação à escola e à educação aparecem ainda mais claras no artigo "A universidade popular", publicado no jornal *Avanti!* (29/12/1916), no qual denuncia o formalismo vazio e o baixo nível desta "instituição de beneficência" que a burguesia reservava aos trabalhadores, com a prática do velho sistema de depositar no aluno conhecimentos superficiais e já prontos, à maneira do "ensino teológico e da escola jesuítica na qual o conhecimento é apresentado como algo definitivo, irrefutável, indiscutível". Ao contrário, Gramsci traça as linhas para uma diferente concepção de escola e aprendizagem e aponta a necessidade de conquistar o saber por meio de um método de pesquisa histórica e do amadurecimento pessoal, uma vez que "uma verdade é fecunda pelo esforço que se fez para conquistá-

-la".[16] Quando, portanto, nos *Cadernos do cárcere* escreve que "As tentativas de movimentos culturais de "ida ao povo" – Universidades populares e coisas semelhantes – degeneraram sempre para formas paternalistas" (Q 8, §213, p. 1.070), sente-se o eco do substrato proveniente do jornalismo combativo que emerge na memória de Gramsci. Nas reflexões carcerárias não poderia esquecer, por exemplo, a máxima do programa dos socialistas sintetizada no texto "Três princípios, três ordens" em *La Città Futura*: "possibilidade de realização integral da própria personalidade humana concedida a todos os cidadãos". Ou, no impactante texto "Indiferentes" da mesma publicação, em que dizia que "ser cidadão é tomar partido",[17] ideias fundamentais que se refletem diretamente na estrutura e formulação do *Caderno 12*. Da mesma forma, no artigo "Cultura e luta de classe" publicado em *Il Grido del Popolo* (25/05/1918),[18] opondo-se a "remastigar opúsculos" e ao apontar a necessidade de elevar o nível de cultura capaz de promover "um estímulo ao progresso intelectual" dos operários no "ambiente complexo e variado como é uma grande cidade industrial", pode-se observar o que Gramsci irá escrever no *Caderno 12*, quase com os mesmos termos, quando sustenta que é necessário "resistir à tendência de tornar fácil o que não pode ser sem ser desnaturado" (Q 12, §2, p. 1.550).

É, também, notório que no artigo "Para uma associação de cultura" (18/12/1917), publicado no jornal *Avanti!*, Gramsci incentiva a proposta de criação de uma "Associação de Cultura Operária" para tornar-se um órgão de atividade cultural "genuinamente socialista e de classe" integrado com a política e a economia, capaz de romper com "a mentalidade dogmática e into-

---

[16] Gramsci, A., *Cronache Torinesi 1913-1917*, op. cit., p. 673-675.
[17] Gramsci, A., *La città futura*, a cura di S. Caprioglio, Torino: Eunadi, 1982. p. 19 (Cf., também, A. Gramsci, *Escritos Políticos*, op. cit., p. 83 e 84).
[18] Gramsci, A., *Scritti Giovanili*, op. cit., p. 239.

lerante", em condições de abordar com "espírito desinteressado" diversos "problemas filosóficos, religiosos, morais" e oferecer uma "preparação sistemática" e "uma visão integral da vida".[19] Leve-se também em consideração que dos contatos que mantinha com a revista *Clarté* (de Romain Rolland e Henri Barbusse) e com o movimento internacional por uma "cultura proletária" (Proletkult) promovido por Bogdanov e Lunatcharski, Gramsci extraía inspirações para escrever diversos artigos que denunciavam a separação entre "escola clássica" (humanista) e "escola profissional". Mas, acima de tudo, apontava a necessidade de difundir "A cultura no movimento socialista"[20] como "atividade de autoeducação e de criatividade proletária", ao lado das lutas políticas e econômicas.

Outra valiosa fonte que reverbera diretamente na elaboração do *Caderno 12* pode ser encontrada na introdução à segunda apostila para a escola por correspondência preparada por Gramsci, na qual se afirma que "a vida em geral, a ação, a experiência individual e coletiva são elementos que complementam a escola" e na qual se explica de que forma a

> classe operária é explorada e oprimida: ela foi sistematicamente privada do saber científico; para a classe operária, o Estado burguês tem organizado um particular tipo de escola, a escola popular e a escola profissional, voltada a manter a divisão das classes, a conseguir que o filho do operário seja também ele um operário. Por meio desta organização geral da escola, uma vez que os operários como classe são mantidos longe das ciências gerais, o operário nunca valoriza os seus conhecimentos, ao contrário, é levado a se desqualificar: o operário acredita ser também mais ignorante e mais incapaz do que é na realidade; o operário sente sempre uma grande hesitação ao

---

[19] Gramsci, A., *Il nostro Marx 1918-1919*, a cura di S. Caprioglio. Torino: Einaudi, 1984, p. 275.
[20] Com este título o artigo foi publicado em *Il Grido del popolo*, em 1/6/1918. Cf. Gramsci. *Il nostro Marx 1918-1919, op. cit.*, p. 77.

expressar as suas opiniões porque é persuadido de que a sua opinião tem pouco valor, porque foi habituado a pensar que a sua função na vida não é a de produzir ideias, de dar diretivas, de ter opiniões, mas a de seguir as ideias dos outros, de executar as diretivas dos outros, de ouvir de boca aberta as opiniões dos outros.[21]

Mas, as suas preocupações em relação à educação e à escola não se restringem à atividade jornalística. Envolvido com as lutas operárias, Gramsci organiza e apoia diversas iniciativas educativas e de formação cultural dedicadas aos operários. Em uma carta enviada a Giuseppe Lombardo Radice, em março de 1918,[22] escrita para "pedir ajuda com algum conselho", podemos verificar que Gramsci, "na condição de fundador" do *Clube de vida moral*, associação voltada a educar os jovens "na discussão desinteressada dos problemas éticos e sociais [para] que se habituem à pesquisa, à leitura feita com disciplina e método, à exposição simples e serena de suas convicções", desempenhava a função de *"excubitor"* (supervisor)[23] e que, além do *Manifesto comunista* de Marx, está utilizando com seus alunos o opúsculo *Il concetto di educazione* de G. L. Radice e escritos de B. Croce e de G. Salvemini.

Entre as demais atividades educativas, tal como "Escola de cultura e propaganda socialista" (1919), "Grupo de educação comunista" (1920), fundação do "Instituto de Cultura Proletária" (1921), o grande espaço de debate democrático e de formação político-cultural foi principalmente a revista semanal *L'Ordine Nuovo* (ON), criada em fevereiro de 1919 por Gramsci e alguns companheiros (Tasca, Togliatti, Terracini), para fermentar a política nacional do Partido Socialista Italiano (PSI), o maior

---

[21] Gramsci, A. "La vita della scuola". *In*: Gramsci, A. *La costruzione del partito comunista 1923-1926*, a cura di Elsa Fubini. Torino: Einaudi, 1978. p. 59-60.
[22] Gramsci, A. *Lettere 1908-1926*, a cura di A. A. Santucci. Turim: Einaudi, 1992. p. 92-94.
[23] A respeito da função de "excubitor", cf. Nosella, P. Gramsci *excubitor* (1916-1918). *Práxis e Hegemonia popular*, n.5, ago./dez., p. 21-34, 2019.

partido do país naquele ano.[24] Além da publicação da revista, Gramsci organiza uma "escola de partido" por correspondência que funcionou em liberdade durante os anos 1919-1920 (o "biênio vermelho") e nos anos 1921-1922, com o Partido Comunista da Itália (PCd'I) na ilegalidade e perseguido, devido à onda do fascismo que se alastrava na Itália. Em oposição à "esterilidade dos movimentos culturais burgueses", à concepção burocrática e ao menosprezo da escola universal pelos governos da classe dominante, com uma evidente visão que vai lastrear o *Caderno 12*, Gramsci aponta que: "No Estado dos Conselhos a escola deverá representar uma das mais importantes e essenciais atividades públicas" para que trabalhadores possam tornar-se não só especializados e autônomos na produção, mas também "laboriosos e ativos na criação de todos os organismos de nova vida social" (*ON*, 21/06/1919),[25] de modo que possam se autoeducar como "donos de seu pensamento e de sua ação, artífices diretos da história de sua classe" (*ON*, 20/12/1919)[26] que visa a democracia e a socialização efetiva do poder com autodeterminação política e a autogestão produtiva. Nestas referências aparece nítido o substrato que dará origem a uma das expressões mais centrais do Q 12: preparar os integrantes de "um grupo social nascido e desenvolvido como 'econômico', até torná-los intelectuais políticos qualificados, dirigentes, organizadores de todas as ativi-

---

[24] Dirigido por Gramsci e tendo Togliatti como redator-chefe, *L'Ordine Nuovo* torna-se jornal diário em 1º de janeiro de 1921 e, em 21 de janeiro de 1921, órgão do novo Partido Comunista d'Italia (PCd'I) que nasce em Livorno (Spriano, 1971, p. 134). Em 1924 *L'Ordine Nuovo* é substituído pelo jornal diário *L'Unità*, órgão central do Partido Comunista Italiano. Desta forma, em 1º de março de 1924, Gramsci deu início a uma revista quinzenal que volta a intitular de *L'Ordine Nuovo*.

[25] Gramsci, A. *L'Ordine Nuovo – 1919-1920*, a cura di V. Gerratana e A. A. Santucci. Torino: Einaudi, 1987, p. 30.

[26] Gramsci, A., *L'Ordine* Nuovo – 1919-*1920*, *op. cit.*, p. 106.

dades e funções inerentes ao orgânico desenvolvimento de uma sociedade integral, civil e política" (Q 12, §1, p. 1.522).

O programa de estudos da escola de partido não era uma elucubração abstrata, mas se firmava sobre a convicção cada vez mais sólida da necessidade de entrelaçar a cultura com o mundo do trabalho, de criar uma ligação estreita entre a escola teórica que se programava e "o movimento de caráter objetivo", tal como ocorria nos conselhos de fábrica (*ON*, 1/04/1925).[27] Na "Introdução ao primeiro curso da escola interna de partido", cujas apostilas foram também organizadas pelo próprio Gramsci, fica claro que "a luta do proletariado contra o capitalismo ocorre em três frentes: o econômico, o político e o ideológico", articulados de forma inseparável, uma vez que "a luta econômica não pode estar desconectada da luta política e ambas não podem estar desligadas da luta ideológica" e enfatizando que "a atividade teórica, ou seja, a luta no *front* ideológico, tem sido sempre negligenciada no movimento operário italiano" (*ON*, 1/4/1925).[28]

Nos próximos capítulos, dedicados diretamente aos conteúdos do *Caderno 12*, mostraremos a consonância com estas iniciativas educativas e veremos como Gramsci, sem idealizá-las, refere-se frequentemente a estas experiências, principalmente aos conselhos de fábrica de Turim, como espaço fundamental de "educação recíproca" e de construção autônoma do poder dos trabalhadores, no qual viu germinar concretamente a gestação de uma "democracia operária" em oposição à autocracia do "empresário capitalista", de modo que a fábrica passava a ser considerada "território nacional do autogoverno operário", conforme a realização exitosa dos sovietes (*ON*, 21/06/1919).[29] Inspirados

---

[27] Gramsci, A., "La scuola di partito". *In*: Gramsci, A. *La costruzione del partito comunista 1923-1926, op. cit.*, p. 49.
[28] Gramsci, A., *La costruzione del partito comunista, op. cit.*, p. 52-54.
[29] Gramsci, A. *L'Ordine Nuovo 1919-1920, op. cit.*, p. 27.

não só na experiência do "autogoverno dos produtores" retratados por Marx em *A Guerra Civil na França*, mas, principalmente nos eventos próximos desencadeados pela Revolução Russa, numerosos artigos escritos no *L'Ordine Nuovo* nos anos 1919-1920 enfatizam que o processo revolucionário e a criação de um novo Estado se realizam, ao mesmo tempo, "no terreno da produção", no âmbito da política e da cultura (*ON*, 12/07/1919; 2/08/1919; 5/06/1920). No editorial "O Estado do trabalho" se afirma claramente que "o novo Estado deve plasmar-se diretamente sobre a organização econômica do trabalho, os seus membros não são mais *cidadãos*, mas *produtores*, a autoridade não é transferida, porque cada um, enquanto trabalha, se autogoverna e contribui ao governo comum, porque o trabalho, não mais imposto pelas leis e pela necessidade, mas realizado com a consciência da sua utilidade e do seu valor, torna-se um verdadeiro exercício de soberania" (*ON*, 5/07/1919). Aqui, pode-se já ver a distinção que veremos mais adiante entre o conceito de "cidadão" e de "dirigente". Mas, convém observar que nos escritos deste período juvenil, que precisaria resgatar cada vez mais pela genuinidade de inspirações e o fervor de militantes políticos, há um conjunto de considerações que preparam o terreno e esboçam, de certa forma, a configuração do novo princípio educativo sintetizado na fórmula tornar-se "dirigente" (especialista + político) que encerra o *Caderno 12*.

Ao lado da "escola do trabalho" que desenvolveu junto aos operários, durante seu período de estudante universitário, Gramsci derivou parte da percepção da importância da cultura e da educação na sociedade também dos escritos de Croce e da corrente neoidealista difusa na Itália, como ele mesmo reconhece (Q 10, §11, p. 1.233). Mas esta convicção foi se aprofundando e ganhando uma nova configuração na medida em que acompanha, principalmente durante sua estadia em Moscou, entre junho de 1922 e novembro de 1923, as transformações político-econômicas e as reformas educacionais introduzidas na URSS, a experiência da "escola única do trabalho" dos "sovietes" e as posições de Lenin e Krupskaia que defendiam uma "formação geral" inseparável de um "ensino politécnico" (Lenin, 1977, p. 167). Os termos deste debate, abordados também por M. M. Pistrak no livro *Fundamentos da escola do trabalho* (1924) que conjugava trabalho, ciência, vida social e política, afloram nos conceitos de "escola unitária", "taylorização intelectual" e "educação integral" tratados no *Caderno 12* e perpassam muitas notas dos *Cadernos do cárcere* relativas a um novo "método de conhecimento" e à formação de uma consciência política do proletariado pelo trabalho e pela conquista da hegemonia (Q 10, II, §12, p. 1.250).

Nem sequer na condição de preso político, nos diferentes cárceres pelos quais passou, Gramsci vai deixar de organizar cursos de formação para os prisioneiros.[30] Mesmo nos 40 dias de confinamento na ilha de Ustica, nas cartas enviadas a Piero Sraffa, enquanto o agradece pela conta generosa aberta na Livraria Sperling e pelo envio de livros e revistas, relata que "temos já iniciado uma série de cursos, elementares e de cultura geral, além de uma série de palestras, para os diferentes grupos de confinados, [...] que representam toda a gama dos partidos e da preparação cultural [...] todos estão contentes com a escola, que é frequentada com grande assiduidade e aplicação" (LC, 21/12/1926, p. 22), inclusive "por alguns funcionários e habitantes da ilha" (LC, 02/01/1927, p. 28). Na carta a Tânia de 03/01/1926, podemos também saber que na "escola de cultura geral", Gramsci ensina história e geografia e frequenta o curso de alemão (p. 30). Da resposta à carta de um seu companheiro de confino que permaneceu em Ustica e que lhe pedia conselhos e indicação de livros para continuar a escola de prisioneiros, salientamos um

---

[30] Gramsci, A. *Lettere dal carcere, op. cit.*, 21/12/1926 (p. 22) ; 02/01/1927 (p. 28).

dos aspectos que Gramsci irá retomar e desenvolver no *Caderno 12*: "Uma das atividades mais importantes do corpo docente seria registrar, desenvolver e coordenar as experiências e as observações pedagógicas e didáticas; só deste ininterrupto trabalho pode nascer o tipo de escola e o tipo de mestre que o ambiente exige" (LC, 04/07/1927, p. 94).

Referências nas *Cartas do cárcere*

Nas 494 *Cartas do cárcere*, escritas em sua maioria na Casa Penal Especial situada na cidade de Turi (perto de Bari, no Sul da Itália), onde Gramsci teve a permissão de enviar uma carta a cada 15 dias (LC, 20/07/1928, p. 199) e, três anos depois, uma vez por semana, há numerosas referências relacionadas com os assuntos tratados no *Caderno 12*. Além de questões familiares, algumas incursões autobiográficas e descrições das suas condições de vida na prisão, o epistolário carcerário condensa muitos resultados das pesquisas e meditações teóricas que Gramsci vinha registrando nas anotações dos *Cadernos do cárcere*. Longe de qualquer formalismo convencional e de intimismo sentimental, com seu estilo realista e sua peculiar sobriedade e genuinidade literária, as *Cartas do cárcere* tornaram-se um admirável testemunho, universalmente reconhecido, da grandeza "intelectual e moral" de uma extraordinária personalidade que conseguiu preservar a liberdade e desenvolver a criatividade, mesmo nas condições mais adversas de precariedade física, isolamento e derrota política. Geradas nas formas de vida mais despojadas, as *Cartas e os Cadernos do cárcere* expressam, ao mesmo tempo, o caráter elevado do homem e a genialidade do pensador e formam uma obra unitária que chega até nós como uma das maiores referências do pensamento político e cultural contemporâneo. Portanto, o estudo conjunto da obra carcerária torna-se necessariamente complementar para poder entender mais plenamente o processo evolutivo das reflexões de Gramsci e a compreensão precisa de conceitos e descobertas teóricas. Sem perder de vista o método dialético e histórico na elaboração dos seus escritos, lembramos também que no §2 do *Caderno 16*, o próprio Gramsci sinaliza que para poder realizar "um trabalho filológico minucioso", ainda mais quando se trata de "material em elaboração" e de um autor cuja obra "nunca foi exposta sistematicamente", ocorre analisar com "cautela" toda a sua produção (reconstruindo-a ao longo de "períodos cronológicos-críticos"), inclusive "o epistolário", no qual "a maior rapidez do pensamento ocorre muitas vezes às expensas da sua solidez" (p. 1.840-1.843). Pela abrangência das questões que emergem das *Cartas do cárcere*, a seguir, selecionamos algumas referências mais importantes que ajudam a entender a gênese e a composição do *Caderno 12*.

Para determinar a cronologia e as soluções que Gramsci teve que encontrar antes de iniciar a redação do *Caderno 12*, são esclarecedoras as cartas a Tânia de 22 de fevereiro e de 28 de março de 1932. Na primeira, como vimos anteriormente, Gramsci mostra que ainda não elaborou um desenho para reunir e organizar as notas sobre os intelectuais "esparsas em diversos cadernos" (LC, 22/02/1932, p. 537). No mês seguinte, em 28 março de 1932, ao pedir a Tânia se poderia lhe enviar a publicação do Ministério do Exterior sobre *A obra do Gênio italiano no exterior* (cuja programação Gramsci resume no Q 9, §84, p. 1.148-1.149), mostra que ainda não deu início ao *Caderno 12*, uma vez que continua escrevendo notas nos *Cadernos miscelâneos* sobre os intelectuais: "O assunto está conectado com a história dos intelectuais italianos, que me interessa muito e a respeito do qual estou escrevendo notas e observações na medida em que as minhas leituras me oferecem motivação" (LC, 28/03/1932, p. 554). Na carta a Tânia de 2 maio de 1932, data antes da qual não é possível fixar o início do *Caderno 12*, Gramsci considera que "talvez seja ainda cedo para reunir e sintetizar" (LC, 02/05/1932, p. 615) as notas que vem recolhendo sobre os intelectuais.

Quanto ao momento certo para iniciar a escrever um caderno monográfico "especial" sobre os intelectuais e temas correlatos, Gramsci pode ter oscilado por algum tempo, mas não em relação aos conteúdos que formaram o corpo do *Caderno 12*. De fato, desde a carta a Tânia de 19 de março de 1927, poucos meses depois da prisão ocorrida em 8 de novembro de 1926, Gramsci já mostra determinação e clareza básica em relação aos seus planos de estudos e pesquisa:

> Gostaria, conforme um plano pré-estabelecido, dedicar-me intensa e sistematicamente a algum assunto que me ocupasse e centralizasse a vida inteira. Pensei em quatro temas até agora [...] 1ª uma pesquisa sobre a *formação do espírito público* na Itália no século passado; em outras palavras, uma *pesquisa sobre os intelectuais italianos*, suas origens, seus agrupamentos conforme as correntes da cultura, seus diversos modos de pensar etc. etc. Tema sumamente sugestivo, que eu naturalmente *posso só esboçar em grandes linhas*, devido à absoluta impossibilidade de ter à disposição a imensa quantidade de material que seria necessária [...] – 2ª Um estudo de linguística comparada! [...] – 3ª Um estudo sobre o *teatro de Pirandello* [...] – 4ª Um ensaio sobre os *romances de folhetim e o gosto popular em literatura* [...] No fundo, entre estes quatro temas há uma homogeneidade: *o espírito popular criativo em suas diferentes fases e graus de desenvolvimento*. (LC, 19/03/1927, p. 55-57, grifos meus)

A maioria dos assuntos aqui elencados aparecem na lista dos "Ensaios principais" que abrem o *Caderno 8*: "Desenvolvimento dos intelectuais italianos"; "A literatura popular dos romances de folhetim"; "A questão da língua literária e dos dialetos"; "Os filhotes de padre Bresciani"; "O teatro italiano"; "Reação à ausência de um caráter popular-nacional da cultura na Itália: os futuristas"; "O 'lorianismo' como uma das características dos intelectuais italianos". Portanto, desde o início de 1927, é possível observar que, além da consciência de um empreendimento de grandes proporções que demandaria "uma imensa quantidade de material" e que só pode "esboçar em grandes linhas", nesta "pesquisa" aparece uma das principais vértebras que orienta a seleção das notas coletadas nos *Cadernos miscelâneos*: o papel estratégico dos intelectuais na formação da cultura nacional e a busca do "espírito popular criativo", em contraposição ao elitismo e cosmopolitismo dominantes na Itália. Assim, da mesma forma que na investigação sobre os intelectuais estabelece o recorte para individuar o "espírito público", também o "estudo" sobre o teatro e o "ensaio" sobre os "romances de folhetim e o gosto popular em literatura" têm por objetivo a disputa que se trava neste território para procurar os elementos que possam contribuir à construção de uma cultura e educação "orgânicas" às classes subalternas e ao projeto "nacional-popular". Trata-se de um grande projeto que não ficou só nas intenções, porque nos capítulos seguintes veremos, de fato, como a enorme bibliografia e o extenso material coletado nos *Cadernos do cárcere* sobre essas questões são articulados e condensados em diversos *Cadernos especiais*.

A impressão de notas fragmentárias e colecionadas a esmo nos *Cadernos miscelâneos* se desfaz ainda mais na carta a Tânia de 25 de março de 1929, na qual pede à sua cunhada que lhe envie alguns livros e autores que tinha deixado em Roma,[31] no quarto alugado junto ao casal Sanna. Na seleção que ele mesmo

---

[31] Para se ter uma ideia básica dos livros que Gramsci vinha comprando para "fazer determinadas pesquisas", nesta carta há um pequeno retrato do material que fazia parte da sua biblioteca pessoal, na qual predominam autores como Croce, Salvemini, Michels, Labriola, Marx (escritos de economia), Maritain, Mathiez, Mondolfo, Bukharin, Gobetti, Prezzolini, Ford, além dos volumes sobre *La politique du Vatican* (Pernot), *Il capitalismo moderno* (Sombart), *Storia del movimento cattolico in Italia* (Vercesi), *Il Partito Popolare dalla fondazione al 1920* (De Rossi), *La diplomazia* (Cambon), *Introduzione alla scienza della finanza* (Levy). Além dos livros de conteúdo histórico, político e filosófico, é preciso observar os de economia, frequentemente mencionada em seus escritos e sempre conectada com as outras esferas do conhecimento.

estabelece deste material solicitado deixa claro que possui um desenho coerente de trabalho, uma vez que os documentos

> fazem parte do plano intelectual que eu mesmo quero construir. Decidi dedicar-me prevalentemente e tomar notas sobre esses três assuntos: 1º a história italiana no séc. XIX, com especial atenção à formação e ao desenvolvimento dos grupos intelectuais; 2º a teoria da história e da historiografia; 3º o americanismo e o fordismo" (LC, 25/03/1929, p. 248).

Em formato ainda mais condensado, neste plano aparece claramente a conexão da "formação e desenvolvimento dos grupos intelectuais" com a história nacional e a sua vinculação com as novas formas de produção e de elaboração da cultura concomitante, pontos básicos que são desenvolvidos no *Caderno 12* para delinear o "novo princípio educativo" fundado sobre a inseparabilidade do trabalho intelectual e material com atuação política em determinadas condições históricas.

Um outro aspecto tratado no *Caderno 12*, particularmente, nas p. 1.523-1.524, e cujos elementos afloram nas *Cartas do cárcere*, é a "função cosmopolita dos intelectuais italianos" que teve repercussões decisivas na fragmentação das classes populares e na carência de formação de uma nação moderna que marcaram a história da Itália. É o que se observa na carta a Tânia de 17 de novembro de 1930:

> Concentrei-me sobre três ou quatro temas principais, um dos quais é o da *função cosmopolita que os intelectuais italianos* tiveram até o séc. XVIII, que depois se divide em muitas partes: o Renascimento e Maquiavel etc. Se tivesse a possibilidade de consultar o material necessário, creio que se poderia escrever um livro realmente interessante e que ainda não existe; digo livro, porque seria apenas a introdução a *um determinado número de trabalhos monográficos*, uma vez que a questão se apresenta diversamente nas diversas épocas e, na minha opinião, precisaria retroceder aos tempos do Império Romano. Por enquanto escrevo notas, até porque a leitura do relativamente pouco que tenho me faz lembrar das leituras do passado. (LC, 17/11/1930, p. 364)

Uma versão parecida com este relato e com datação próxima pode ser verificada no §88, do Q 3 (texto B), escrito em agosto de 1930:

> *A pesquisa da formação histórica dos intelectuais italianos* leva assim a retroceder até os tempos do Império romano, quando a Itália, tendo Roma no seu território, se torna o cadinho das classes cultas de todos os territórios imperiais. Os quadros *dirigentes* se tornam cada vez mais imperiais e menos latinos, se tornam *cosmopolitas*: também os imperadores não são latinos etc. Existe, portanto, uma linha unitária no desenvolvimento das classes intelectuais italianas (que operam no território italiano), mas esta linha de *desenvolvimento não é nacional*: esta realidade leva a um *desequilíbrio interno na composição da população que vive na Itália* etc. O problema do que são os intelectuais pode ser mostrado em toda a sua complexidade por meio desta pesquisa. (p. 371).

Quase um ano depois, mesmo não dispondo de "grandes bibliotecas" e tendo que restringir as investigações sobre as demais questões que lhe interessava aprofundar, na carta a Tânia de 3 de agosto de 1931, volta sobre este tema crucial, agora, associando-o à constituição do Estado e ao "desenvolvimento histórico do povo italiano":

> um dos assuntos que mais me interessou nestes últimos anos tem sido fixar alguns aspectos característicos na *história dos intelectuais italianos*. Este interesse nasceu de um lado do desejo de aprofundar *o conceito de Estado* e, por outro lado, de me dar conta de alguns aspectos do *desenvolvimento histórico do povo italiano*. Mesmo restringindo a pesquisa nas linhas essenciais, permanece formidável. Precisa necessariamente retroceder ao *Império romano* e à primeira concentração de intelectuais 'cosmopolitas' ('*imperiales*') que isto determinou: estudar, portanto, a formação da *organização clerical* cristão-papal que confere à herança do cosmopolitismo intelectual imperial uma forma de *casta europeia* etc. etc. Só assim, na minha avaliação, se explica que depois dos anos 1700, ou seja, depois do início das primeiras lutas entre Estado e Igreja com o jurisdicionalismo, se possa falar de *intelectuais italianos 'nacionais'[...], como grupo especializado de classes nacionais.* (LC, 03/08/1931, p. 441-442)

Com uma construção progressiva, que se esclarece e aprofunda na medida em que a pesquisa avança, define-se cada vez mais a questão em torno à qual Gramsci visa se concentrar: a formação escassa e tardia de "intelectuais italianos 'nacionais'" dedicados à formação de um Estado do "povo italiano", impedido de se constituir como nação pela pesada herança da "casta" de "intelectuais cosmopolitas" engendrados ao longo de séculos de Império Romano, a milenária "organização clerical" da Igreja e a emigração de muitos intelectuais. Uma situação diferente, como Gramsci observa no *Caderno 12*, do fenômeno que ocorreu na França e na Rússia, onde os intelectuais, mesmo abertos ao mundo, "refluíram sobre a base nacional para potencializá-la" (p. 1.524-1.525). Temos aqui, um dos pontos cruciais da estrutura do *Caderno 12* que explica o embate entre os caminhos que levaram ao fascismo, herdeiro do Império Romano e da "organização clerical", e as árduas lutas das classes populares para se organizar política e culturalmente, formar seus intelectuais e construir um outro Estado de caráter "nacional-popular".

A descoberta desta perspectiva que marca profundamente o *Caderno 12*, como veremos, é tão importante que Gramsci volta a relatá-la na Carta a Tânia de 7 de setembro de 1931:

> O estudo que *realizei sobre os intelectuais é muito amplo* e não creio existam na Itália livros sobre este assunto. Certamente, há muito material erudito, mas disperso em um número infinito de revistas e arquivos históricos locais. De minha parte, eu *amplio muito a noção de intelectual* e não me limito à noção corriqueira que se refere aos grandes intelectuais. Este estudo conduz também a certas *determinações do conceito de Estado* que habitualmente é entendido como Sociedade política (ou ditadura ou aparato coercitivo para conformar a massa popular conforme o tipo de produção e a economia de dado momento) e não como um *equilíbrio da Sociedade política com a Sociedade civil* (ou *hegemonia* de um grupo social sobre a inteira sociedade nacional operada através das organizações assim chamadas privadas, como a Igreja, os sindicatos, as escolas etc.) e exatamente

na sociedade civil atuam especialmente os intelectuais (Benedetto Croce, por exemplo, é uma espécie de papa leigo e é um instrumento muito eficaz de hegemonia, ainda que cada vez possa estar em contraste com este ou aquele governo etc.) [...] As Comunas foram um Estado sindicalista, que não conseguiram superar esta fase para tornar-se *Estado integral*, como apontava em vão Maquiavel que através da organização do Exército queria organizar a hegemonia da cidade sobre o campo e, portanto, se pode chamar de primeiro jacobino italiano. (LC, 07/09/1931, p. 458-459)

Já delineada em "novembro de 1930", quando reúne anotações no *Caderno 4*, nesta carta de 1931 Gramsci amplia muito "a noção de intelectual" associando-a com a descoberta do conceito de "Estado integral", descortinado por Maquiavel, "o primeiro jacobino". As considerações expostas nesta carta se sintonizam com quanto, no mesmo período, escreve no *Caderno 6*, onde anota que esta percepção amadurece historicamente e se realiza com a "Revolução Francesa, quando o 'agrupamento social' que depois do ano Mil foi a força motora econômica da Europa, pode apresentar-se como 'Estado' integral, com todas as forças intelectuais e morais necessárias e suficientes para organizar uma sociedade completa e perfeita" (Q 6, §10, p. 691). É clara a assonância com um dos pontos centrais do *Caderno 12*, no qual explicita a necessidade de uma educação "desinteressada" e de uma "escola unitária de cultura geral" em tempo integral (Q 12, §1, p. 1.536) que saiba conectar trabalho intelectual e industrial com "toda a vida social" (Q 12, §1, p. 1.538), de modo a desenvolver todas as potencialidades humanas e sociais e a criar democraticamente nas massas populares as condições para aprender a dirigir a sociedade em todas as suas dimensões. Só desta forma os integrantes do novo Estado podem se tornar "intelectuais políticos qualificados, dirigentes, organizadores de todas as atividades e funções inerentes ao orgânico desenvolvimento de uma sociedade integral, civil e política" (Q 12, §1, p. 1.522).

Na verdade, a concepção integral de mundo plasma toda a obra de Gramsci que aborda, articuladamente, a multiplicidade das dimensões humanas e todas as suas atividades. Para Gramsci, de fato, a conquista de uma "integral renovação intelectual e moral" (Q 15, §58, 1.820) exige a "criação de uma nova cultura integral, que possua os aspectos de massa da Reforma protestante e do Iluminismo francês e preserve os traços da cultura clássica grega e do Renascimento italiano, uma cultura que sintetize [...] a política e a filosofia em unidade dialética intrínseca a um grupo social não apenas francês ou alemão, mas europeu *e mundial* (grifos meus) (Q 10, §11, p. 1233). Trata-se da mesma visão registrada na carta a Iulca, enviada do cárcere, em 1 de agosto de 1932, no mesmo período em que redige o *Caderno 12*, em que Gramsci desenha o quadro de uma educação capaz de desenvolver

> todas as faculdades intelectuais e práticas, a serem especializadas com o tempo, sobre a base de uma personalidade vigorosamente formada no sentido total e integral. O homem moderno deveria ser uma síntese das características que são idealizadas como sendo nacionais: o engenheiro americano, o filósofo alemão, o político francês, recriando, por assim dizer, o italiano da Renascença, o tipo moderno de Leonardo da Vinci feito homem-massa ou homem coletivo, mesmo mantendo a própria forte personalidade e originalidade individual. (LC, 01/08/1932, p. 601)

Nos escritos de Gramsci a formação de uma "intelectualidade integral" (Q 11, §12, p. 1.387) está conectada com a capacidade de construir uma concepção de mundo "coerente e unitária" (Q 11, §12, p. 1.385), de "fazer história integral e não história parcial e exterior" (Q 10, §12, p. 1.235), de "articular cada aspecto parcial na totalidade" (24, §3, p. 2.268) e praticar uma atividade política que possa "difundir uma concepção integral do mundo" (Q 14, §60, p. 1.719), para que "a ação coletiva venha a tornar-se "história" concreta e completa (integral)" (Q 10, §17, p. 1.255). Nestas perspectivas, também o partido "orgânico" deve ser "concebido, organizado e dirigido de tal forma que possa se desenvolver integralmente em um Estado (integral, e não em um governo tecnicamente entendido) e numa concepção do mundo" (Q 17, §51, p. 1.947). Foi assim que o realismo de Maquiavel e os jacobinos expressaram o "movimento revolucionário no seu conjunto, como desenvolvimento histórico integral, porque representavam também as necessidades futuras e não só daquelas determinadas pessoas físicas, mas de todos os grupos nacionais" (Q 19, §24, p. 2.028).

Na construção, portanto, de um Estado "integral", expressão dialética do "equilíbrio da sociedade política com a sociedade civil", e de uma nova sociedade protagonizada pelas massas democraticamente organizadas, Gramsci elabora a concepção de "intelectual orgânico", de "escola unitária" e de "educação integral", o miolo de todo o *Caderno 12*. Sem a formação e atuação de "intelectuais orgânicos", de fato, não é possível a organização política das massas populares e a sua "elevação a níveis superiores de cultura" (Q 11, §12, p. 1.386), assim como sem a constituição de uma "escola unitária" e "educação integral" não há condições para criar um novo Estado de caráter "nacional--popular" e uma nova civilização.

A teia de anotações nos *Cadernos do cárcere* relativas ao *Caderno 12*

Na reconstrução da produção carcerária, é preciso considerar que Gramsci, preso em 08 de novembro de 1926, deve esperar mais de dois anos, transcorridos entre deslocamentos em diversos lugares de detenção, até receber a sentença de prisão (20 anos, quatro meses e cinco dias), emitida no processo de Roma em 04 de junho de 1928, e ser enviado para a Casa Penal Especial de Turi, em julho de 1928, onde permanece até 19 de novembro de 1933. Até final de agosto de 1928 dividiu a cela carcerária com outros quatro prisioneiros afetados por "doenças nos brônquios e pulmões" e vê sua "depressão nervosa e insônia" se agravar pelas dificuldades de dormir (LC, 13/08/1928, p. 204-205). Só em 08 de fevereiro de 1929 (conforme ele mesmo registra na abertura do *Caderno 1*) pode começar a se dedicar a escrever os *Cadernos*. Vimos como as cartas, escritas nesse período, constituem um documento muito importante para entender o processo de amadurecimento dos diversos planos de estudo e as dificuldades enfrentadas por Gramsci para poder trabalhar. Em 23 de maio de 1927, de fato, escreve a Tatiana:

> vejo que um verdadeiro estudo torna-se impossível, por muitas razões, não só psicológicas, mas também técnicas; sinto muita dificuldade para me dedicar completamente a um assunto ou a uma matéria e mergulhar só nela, do jeito que ocorre quando se estuda seriamente, de modo a captar todas as relações possíveis e conectá-las harmonicamente (LC, 23/05/1927, p. 87).

Quando Gramsci consegue algumas condições, ainda que restritas, para estudar e escrever, além das cartas, preencheu 33 cadernos, sendo quatro de tradução (do alemão, inglês e russo), nos quais recolheu um extenso material bibliográfico, apontamentos, anotações e reflexões sobre diversos assuntos, registrando *insights* teóricos e disseminando uma rica "rede conceitual" em mais de 2 mil notas de diferentes tamanhos. Ao denominar alguns destes cadernos de "*miscelâneos*" e outros de "*especiais*", o próprio Gramsci indica que há uma divisão metodológica, não substancial, entre eles, uma vez que, por trás da aparência aforismática e fragmentária, a grande maioria das notas se aglutina em torno de temas centrais profundamente interligados que conferem uma unidade a esta obra. De fato, percorrendo os *Cadernos do cárcere* observa-se que não há uma separação estanque entre "pesquisa" e "exposição", porque a maior parte do material que coleta é já configurado em termos de exposição e é selecionado em função de temas aglutinadores e, mesmo quando redige os cadernos "especiais" em torno de temas unificadores, Gramsci continua o trabalho de pesquisa e a recolher notas nos *"miscelâneos"*.

Portanto, para reconstruir o complexo quebra-cabeça acumulado neste laboratório e decodificar seus significados é preciso estudar a obra carcerária como um todo e levar em conta o "ritmo do pensamento em movimento" (Q 16, §2, p. 1.841), o modo de escrever "em espiral" de Gramsci que "volta continuamente sobre seus passos modificando, subtraindo, acrescentando", fundindo textos e refinando a argumentação. Uma modalidade de trabalho que permite descobrir como "por trás do intrincado labirinto há um mapa, uma 'ordem' secreta e escondida que é possível desvelar" (Francioni, 2009, p. 2) e consente perceber, pelas múltiplas conexões reticulares, uma visão orgânica e uma unidade de inspiração. Em relação ao nosso estudo, portanto, será necessário resgatar a "história" das numerosas e mais significativas referências sobre os intelectuais, a escola e a educação esparsas na sua pesquisa, parte das quais desaguou na elaboração do *Caderno 12* e outras, também importantes, que não foram aproveitadas neste *Caderno*, como o próprio Gramsci sinaliza (Q 8, p. 935). A reconstrução dos traços essenciais desta trama tecida ao longo do tempo fornece elementos importantes para mostrar também a posição estratégica que o *Caderno 12* ocupa na arquitetura dos *Cadernos do cárcere* e as profundas conexões com os *"Cadernos especiais"* 10-11-13, coração da obra carcerária, com os quais forma um bloco unitário inseparável.

No ensaio "Come lavorava Gramsci" no cárcere, G. Francioni (2009) nos dá um retrato sugestivo de como o prisioneiro marxista organizava o estudo e operava com mais *Cadernos*, ao mesmo tempo. Devido às normas carcerárias, que lhe permitiam dispor na cela só de quatro volumes (entre livros, revistas e cadernos) por um período de no máximo três horas por dia, para, depois, serem devolvidos no almoxarifado do cárcere (onde havia também a sua biblioteca pessoal), Gramsci chegou a subdividir alguns *Cadernos* em diversas partes, nas quais distribuía os temas de pesquisa que pretendia desenvolver.[32] Desta forma, embora este método *sui generis* de trabalho nem sempre facilite a datação dos textos, é possível perceber agrupamentos de matérias que revelam uma determinada seleção e a concentração de Gramsci em torno de temas específicos, como, por exemplo, as três séries de "Anotações de filosofia" reunidas na segunda parte dos *Cadernos 4, 7, 8* que formam a base dos *Cadernos 10 e 11*; o acúmulo de reflexões sobre Maquiavel nos

---

[32] No ensaio "Come lavorava Gramsci", Francioni extrai das cartas de Gramsci muitos detalhes da movimentação que ocorria entre a cela e o almoxarifado, para pegar e devolver o que lhe servia de seus pertences e da sua biblioteca pessoal (em um "pequeno baú inglês" e em uma "caixa bastante ampla" para guardar seus livros). E, a respeito, traz o testemunho de Gustavo Trombetti, o companheiro de prisão mais próximo de Gramsci, que em diversas ocasiões tem especificado quantos livros era permitido ter na cela: "Gramsci, como todos nós, podia ter na cela apenas quatro livros pessoais, mais os eventuais dicionários. Quando alguém queria consultar outros livros, pedia a permissão para ir ao almoxarifado e, aqui, em troca dos que se depositavam, se levavam outros, sem nunca exceder o número de quatro" (Francioni, "Come lavorava Gramsci", *op. cit.*, p. 9). Quando Trombetti é transferido para a cela de Gramsci, entre maio-junho e novembro de 1933, para lhe dar assistência, devido ao agravamento das condições de saúde, as normas ficaram mais rigorosas e conforme Trombetti relata "Gramsci era autorizado a ter consigo o básico para escrever, caneta, tinta e caderno, o que não era permitido aos outros detentos políticos. Por isto, a minha transferência para a cela de Gramsci criou um caso "difícil" para a direção que foi sumariamente resolvido retirando-lhe a autorização para escrever, com a imaginável decepção de Gramsci. Assim, lhe puseram o dilema: ou renunciava ao assistente [...] ou não teria de volta o necessário para escrever. Só depois de algumas semanas, em um colóquio que ele teve com o diretor, se chegou a um acordo: teria à disposição os meios para escrever só durante duas horas por dia. Desde então, o guarda lhe entregava tudo e depois de duas horas passava para pegar de volta" (Francioni, *"Come lavorava Gramsci"*, *op. cit.*, p. 14).

Cadernos 1, 4, 7, 8 e *9* que subsidiam o *Caderno 13*; as notas sobre os intelectuais, a cultura e a educação condensadas no *Caderno 4* e assimiladas no *Caderno 12*; as numerosas anotações sobre Risorgimento; brescianismo; lorianismo etc., que depois confluem em *Cadernos "especiais"* monográficos. Assim, a redação dos *"Cadernos especiais"* mostra não só como os planos de estudos que Gramsci elaborava norteavam as suas pesquisas, mas, que o material selecionado nos *Cadernos "miscelâneos"* era coletado com uma certa lógica e com o objetivo de sistematizá-lo posteriormente em torno de temáticas unificadoras. Portanto, antes de examinar algumas notas relativas ao *Caderno 12*, entre as mais de centenas que constelam, praticamente, todos os *Cadernos do cárcere*, convém focalizar as referências explícitas aos intelectuais, à escola e à educação registradas por Gramsci nos planos de estudo que esboçou para orientar as pesquisas que pretendia desenvolver no cárcere.

Logo na abertura do "Primeiro *Caderno* (8 de fevereiro de 1929)", entre os 16 "Assuntos principais" elencados na primeira página de "Notas e apontamentos", aparecem: "3) *Formação dos grupos intelectuais italianos*: evolução, comportamentos"; 4) *A literatura popular dos 'romances de folhetim' e as razões de seu persistente sucesso*; 7) *O conceito de folclore*; 13) *O 'senso comum'*; 14) *Revistas tipo*; 16) Os filhotes de padre Bresciani.

A maioria dos "Assuntos" enunciados na primeira página do *Caderno 1* são retomados, logo em seguida, na nota introdutória "Notas esparsas e apontamentos para uma história dos intelectuais italianos" que abre o *Caderno 8* (iniciado, provavelmente, no final de 1930, pouco depois da carta a Tânia de 17 de novembro de 1930, relatada anteriormente), com uma formulação muito parecida com o título dado ao *Caderno 12*: "Apontamentos e notas esparsas para um conjunto de ensaios sobre a história dos intelectuais e da cultura na Itália". Mas, ainda na primeira página do *Caderno 8*, quando nos deparamos com o esquema de trabalho *Ensaios principais: Introdução geral*, o primeiro tema registrado é "Evolução dos intelectuais italianos até 1870: diferentes períodos" (tema reproduzido no 15º item deste mesmo esquema de trabalho: "Função cosmopolita dos intelectuais italianos até o século XVIII"). O 2º tema é "A literatura popular dos 'romances de folhetim'"; o 3º: "Folclore e senso comum"; o 5º: "brescianismo"; o 18º: "O 'lorianismo' como uma das características dos intelectuais italianos". Mas, neste elenco, observa-se que o 8º tema é "A escola e a educação nacional", assunto que volta no 17º tema do elenco "A escola única e o que significa para toda a organização da cultura nacional". O *Apêndice*: "americanismo e fordismo" sinaliza o propósito de investigação que se realizará na redação do *Caderno 22*, no qual Gramsci aprofunda as questões do trabalho moderno e suas relações com os intelectuais e a cultura.

No entanto, na página seguinte à abertura do *Caderno 8*, em "Agrupamentos de matéria", logo no primeiro tema, Gramsci associa "1º *Intelectuais. Questões escolares*". Na lista dos dez temas deste "Agrupamento de matéria" podem já ser observados os assuntos que irão constituir os *Cadernos "especiais"*: o 1º tema confluído no *Caderno 12*; o 2º (Maquiavel) no *Caderno 13*; o 3º (cultura) no *Caderno 16*; o 4º (filosofia) nos *Cadernos 10-11*; o 5º (Ação Católica) no *Caderno 20*; o 7º (Risorgimento) no *Caderno 19*; o 8º (literatura popular) no *Caderno 21*; o 9º (lorianismo) no *Caderno 28*; o 10º (jornalismo) no *Caderno 24*. O conjunto destes dados seria suficiente para mostrar a lógica subjacente no trabalho de estudo e pesquisa do preso político, para denotar a coerência temática e perceber as artérias principais da obra carcerária em torno dos temas centrais: intelectuais-escola-política-filosofia-cultura-história, não por acaso condensados essencialmente no bloco unitário dos quatro *Cadernos "especiais"* 10-11-12-13.

Embora o próprio Gramsci alerte sobre o "caráter provisório" das suas notas que precisariam de "ulteriores pesquisas", deixa claro que pela "vastidão" do tema sobre os intelectuais "não tem a intenção de compilar um amontoado confuso de anotações (*"zibaldone farraginoso"*), uma compilação enciclopédica voltada a preencher todas as 'lacunas' possíveis e imagináveis" (Q 8, p. 935), pois, seu objetivo é focalizar as questões mais essenciais. Outro ponto que salta aos olhos é que todos os temas, tanto dos "Ensaios principais" como dos "Agrupamentos de matéria", se articulam em torno de um projeto voltado a elaborar uma concepção de mundo a partir da realidade popular e a conectar as complexas componentes da cultura e da educação, para municiar as lutas políticas das classes subalternas na construção de uma hegemonia de "caráter nacional-popular". Um fio condutor, este, que permeia os *Cadernos do cárcere*, confirmado na carta de 19 de março de 1927, na qual Gramsci afirmava que o elemento unificador dos assuntos que pretende estudar é a busca do "espírito popular criativo" (LC, 19/03/1927, p. 57) que os intelectuais precisam perceber, valorizar e potencializar para construir um projeto de caráter nacional.

Um mapa das notas esparsas sobre os intelectuais, a escola, a educação e a cultura nos *Cadernos* pode ser encontrado na *"Tavola delle concordanze"* posta no *"Apparato Critico"* (Vol. IV, p. 3.280) dos *Quaderni del carcere* da edição crítica de V. Gerratana (1975), tabela que permite também individuar a seleção das notas determinada por P. Togliatti e F. Platone quando compilam o volume "Os intelectuais e a organização da cultura" da edição temática dos *Cadernos do cárcere* (1948-1951), baseada essencialmente sobre os textos de segunda redação (C) e de redação única (B). A recente tradução dos *Cadernos do cárcere*, em seis volumes, realizada no Brasil por C. N. Coutinho, M. A. Nogueira e L. S. Henriques, publicada pela Civilização Brasileira, a partir de 1999, tomando como "base a edição Gerratana incorpora, não só critérios adotados na velha 'edição temática', mas também algumas das sugestões propostas por Francioni".[33] No volume 2, de fato, à tradução do *Caderno 12* segue-se um conjunto de notas extraídas dos *Cadernos "miscelâneos"* relativas aos intelectuais, escola e educação. E, no mesmo volume, são anexados o *Caderno 24* sobre "jornalismo" e o *Caderno 28* sobre "lorianismo", com uma respectiva seleção de notas dos *Cadernos miscelâneos* relacionadas com esses assuntos.

Quando se somam apenas as referências elencadas na "*Tavola delle concordanze*", extraídas só dos textos B (de redação única) e C (de segunda redação), chega-se aproximadamente a 200 notas que tratam direta ou indiretamente de questões condensadas no *Caderno 12*. A parte maior deste extenso material é dedicada aos intelectuais, cuja centralidade mostraremos a seguir. Mas, as notas relativas à escola e à educação também são numerosas e significativas. No *Caderno 12*, de fato, além das notas importadas explicitamente do *Caderno 4* e do reflexo dos escritos pré-carcerários, percebe-se a influência subliminar do substrato das notas disseminadas nos *Cadernos miscelâneos* relativas à escola e educação, cujas referências mais explícitas e importantes são: *Caderno 1* (§15; §123; §127; §154); *Caderno 2* (§88); *Caderno 3* (§27; §48; §145); *Caderno 5* (§41; §97); *Caderno 6* (§79; §206; §211); *Caderno 7* (§61); *Caderno 8* (§57; §113; §188); *Caderno 9* (§119); *Caderno 14* (§38; §42; §46); *Caderno 15* (§56). Obviamente, é preciso analisar também as referências esparsas nos *Cadernos "especiais"*, particularmente, o embate que Gramsci trava com Croce e o idealismo sobre a concepção de intelectual, filosofia, política, cultura e educação no *Caderno 10*, como veremos

---

[33] Coutinho, C. N., "Introdução". *In:* Gramsci, A. *Cadernos do cárcere.* Rio de Janeiro: Civilização Brasileira, 1999. p. 31-32.

nos próximos capítulos; as questões relativas à ideologia e à ciência (Q 11, §1; §5; §15; §21), às técnicas do pensar (Q 11, §44), à lógica (Q 11, §40; §42), à dialética (Q 11, §41), à linguagem (Q 11, §§46-49) e o §67 no final do *Caderno 11*, diretamente conectado com o *Caderno 12*. Como mostraremos, são também significativos os §24 (p. 2.012) e §27 (p. 2.046-2.048) do *Caderno 19* (que tratam da hegemonia cultural e escolar conquistada pelos Moderados) e *Caderno 24*, §3 (a função das "Revistas tipo" na cultura nacional). Não se deve esquecer que, para além destas notas, a escola e a educação, para Gramsci, não se restringem ao sistema escolar propriamente dito, mas abarcam todo o amplo arco da cultura, da história, da filosofia, da política e todos os espaços nos quais ocorre a formação do ser humano. Uma análise das notas relacionadas com os conteúdos do *Caderno 12*, portanto, não pode desconsiderar outras notas que tratam da formação dos intelectuais, educação, métodos de aprendizagem e critérios pedagógicos. No extenso §43 do *Caderno 1* (texto A), por exemplo, cujo conteúdo foi distribuído por Gramsci nos *Cadernos 19, 20* e *24*, há considerações que se sintonizam com a parte do *Caderno 12* que descreve o método inovador de trabalho e de educação que ocorre nas "redações de revistas" (p. 1.533).

Como já destacamos no primeiro capítulo, Gramsci dedica-se a investigar a atuação estratégica dos intelectuais e o papel da cultura na sociedade, rompendo lugares comuns e ampliando enormemente estas noções. Fazem, portanto, parte deste extenso universo de pesquisa também as questões relativas à "reforma intelectual e moral", o Renascimento que inaugura "uma nova classe intelectual de proporção europeia" (Q 17, §3, p. 1.910), as forças culturais que alimentaram os movimentos da Reforma, do *Risorgimento*, os centros de estudos e pesquisas, os jornais, as revistas, o lorianismo, o brescianismo, a ação da Igreja, a produção literária popular. Trata-se de um universo assombrosamente extenso e inexplorado no qual Gramsci se adentra de forma praticamente pioneira para desvendar, principalmente, as implicações culturais e políticas derivadas da falta de conexão entre intelectuais e povo. Esta separação, recorrente em numerosos escritos carcerários e pré-carcerários, aparece enfatizada até o final da sua atividade intelectual. No *Caderno 21*, dedicado à "Literatura popular" e a "Problemas da cultura nacional italiana", Gramsci volta a escrever que "na Itália os intelectuais se distanciam do povo, ou seja, da 'nação' e permanecem vinculados a uma tradição de casta, que nunca foi quebrada por um forte movimento político popular ou nacional de baixo" (§5, p. 2.116) e deixa claro que quando falta o contato dos intelectuais com as "necessidades, as aspirações, os sentimentos do povo", "a literatura não é nacional porque não é popular" (§4, p. 2.113). O pensador sardo, portanto, está convencido de que não há transformação social, hegemonia, revolução, democracia e unidade nacional das classes subjugadas sem considerar este contexto e organizar o potencial que fermenta no meio popular. Como tem sido observado, "Gramsci talvez seja o primeiro marxista ocidental que manifesta um autêntico interesse eminentemente político pela cultura popular, porque nela se manifestava uma produção de significados e interpretações do mundo provenientes das classes subalternas" (Capuzzo, 2009, p. 49). Pode-se entender porque, a partir de Gramsci, "o popular deixa de ser definido por uma série de características internas e por um repertório de conteúdos tradicionais [...] e passa a ser caracterizado por sua posição frente às classes hegemônicas" (Canclini, 1985, p. 64).

No entanto, para Gramsci, democratizar e universalizar a escola e a educação e considerar que "todos são intelectuais", não significa simplificar ou nivelar por baixo as exigências do estudo. Desde o *Caderno 1*, juntamente com o papel estratégico dos intelectuais na sociedade, Gramsci esclarece a necessidade (ainda mais para as classes subalternas que não possuem as vantagens das classes dominantes) de adquirir todos os instrumentos necessários para se "especializar" e se qualificar no trabalho que juntamente com a atuação ativa na "política" forma o "novo intelectual" como "dirigente". Logo no Primeiro *Caderno* Gramsci afirma que

> O intelectual, também, é um 'profissional' que possui as suas 'máquinas' especializadas e o seu 'tirocínio', que tem um seu sistema Taylor [...] A capacidade do intelectual de profissão de combinar habilidosamente a indução e a dedução, de generalizar, de deduzir, de transpor de uma esfera para outra um critério de avaliação, adaptando-o às novas condições etc. é uma 'especialidade', não um dado do 'senso comum' [...] organizando sempre todo aspecto parcial na totalidade. (Q 1, §43, p. 33-34)

A quantidade e a qualidade deste imenso universo que, como Gramsci sinaliza, "escrevi em muitas anotações esparsas nos cadernos sob diversas rubricas, especialmente de '*Riviste tipo*'" (Q 4, §49, p. 483) e não chegou a se transformar em "um conjunto de volumes" (Q 12, §1, p. 1.515), acabou sendo absorvida, em sua maior parte, na elaboração de outros *Cadernos*, especialmente os "*especiais*" *10-11-13*, intimamente relacionados com o *Caderno 12*.[34] Desta forma, se é necessário conectar o *Caderno 12* com as referências espalhadas na sua obra para poder entender plenamente os sentidos nele contidos, é ainda mais importante

---

[34] "Resta fora do *Caderno 12* um conjunto de notas rubricadas com o título *Intellettuali* e assemelhados nos *Cadernos 1-9*. Setenta e duas destas, ou seja, a quase totalidade, permanecem em redação única" [...] A alguns assuntos de caráter mais especificamente histórico, político, cultural, literário etc., originariamente pensados como articulação de uma ampla pesquisa sobre os intelectuais, serão dedicados Cadernos 'especiais', enquanto termina a rubrica geral *Intellettuali* e assemelhados nas notas de nova redação nos *Cadernos 14, 15 e 17*" (Francioni--Cospito, *Nota Introduttiva al Quaderno 12 (1932), op. cit.*, p. 166).

levar em conta que, no trabalho do incansável tecelão encarcerado, este manuscrito sobre intelectuais e educação foi se gestando particularmente em estreita ligação com os "*Cadernos especiais*" *10-11-13*, redigidos praticamente no mesmo período (1932-1934) e, em algumas partes, até simultaneamente. Situado no coração da obra carcerária, este bloco unitário de *Cadernos* revela mais nitidamente a arquitetura do plano orgânico que há por trás da aparente fragmentação das notas coletadas. Como vimos, confluem, de fato, nesse bloco de *Cadernos* "especiais" um conjunto de anotações importantes que já aparecem agrupadas com certa homogeneidade e intensidade nos *Cadernos miscelâneos*.

A construção unitária e a estreita interligação do bloco unitário dos "*Cadernos especiais*" *10-11-12-13*, redigidos a partir de meados de 1932 (Frosini, 2003, p. 66-72), não deixam dúvidas quanto à relação dialética e à inseparabilidade que Gramsci confere à recíproca tradutibilidade de filosofia-educação-política (Cospito, 2017), facetas de uma mesma realidade, cuja vinculação é frequentemente evidenciada por Gramsci. No *Caderno 11*, sustenta que "filosofia-política-economia" são "elementos constitutivos necessários de uma mesma concepção de mundo [na qual] um é implícito no outro, e todos juntos formam um círculo homogêneo" e que a estas esferas "correspondem atividades intelectuais determinadas que não se podem improvisar ou antecipar arbitrariamente" (Q 11, §65, p. 1.492-1.493). A atuação, portanto, dos intelectuais e a função da escola, da ciência, da educação e da cultura estão inseparavelmente vinculadas a este "círculo homogêneo" de filosofia-política-economia. Por isso, no *Caderno 12*, Gramsci enuncia a celebrada afirmação de que é necessário formar "intelectuais políticos qualificados, dirigentes, organizadores de todas as atividades e funções inerentes ao orgânico desenvolvimento de uma sociedade integral, civil e política" (p. 1.522).

A estrutura incindível e osmótica que perpassa essas componentes constitutivas da realidade é confirmada por frequentes expressões que nos escritos de Gramsci sustentam a impossibilidade de separar "uma filosofia que é política e uma política que é filosofia" (Q 16, §9, p. 1.860), da mesma forma que "o programa de reforma econômica é o modo concreto com o qual se apresenta toda reforma intelectual e moral" (Q 13, §1, p. 1.561). O *Caderno 12*, portanto, traduz em termos educacionais a concepção de filosofia da práxis e está profundamente sintonizado com a concepção de política voltada a formar a "vontade coletiva nacional popular" como "consciência operosa de necessidade histórica, como protagonista de um real e efetivo drama histórico" (Q 13, §1, p. 1559) para "fundar um novo Estado" e "criar novos e mais altos tipos de civilização" (Q 13, §7, p. 1566). Além disso, tal como a filosofia e a política precisam estar conectadas com a práxis das classes subalternas em conjugação dialética de teoria e prática, pensamento e ação, estrutura e superestrutura, ciência e vida, assim também a escola precisa ser "unitária" e a educação "integral". Intimamente articuladas com as esferas da filosofia, da política e da economia, para Gramsci, a educação e a formação intelectual não são atividades abstratas e separadas da realidade concreta, mas encontram-se indissociavelmente imbricadas com o objetivo de desenvolver nas classes subalternas modernas subjetividades autônomas e criativas que visam socializar o conhecimento e organizar-se politicamente, para "conhecer todas as verdades e educar a si mesmas na arte do governo" (Q 10, §41, p. 1.319).

Mas, entre as demais conexões que formam o bloco unitário dos *Cadernos 10-11-12-13* há uma marca profunda que os unifica ainda mais em seu conteúdo. Se, de fato, nos *Cadernos*

10 e *11* Gramsci apresenta uma inédita concepção de filosofia (Finelli, 1989, p. 77-92), baseada na peculiar elaboração do conceito de "práxis" (Martelli, 1996, p. 20-24), e rompe com a tradição aristocrática e elitista ao sustentar a tese inaudita de que "todos são filósofos" (Q 11, §12, p. 1375) e no *Caderno 13* mostra, de forma igualmente impactante, que a política efetiva é conduzida pela ação coletiva do "moderno príncipe", pela qual as massas populares se tornam sujeitos ativos e aprendem a exercer a própria soberania, no *Caderno 12*, coerentemente, ao combater toda a educação dualista, excludente e mecânica, sustenta que "todos são intelectuais" (Q 12, §3, p. 1.550) e que a escola, responsabilidade de um Estado efetivamente democrático, deve preparar cada "cidadão", não para ser conformado no sistema vigente, mas, para "dirigir" coletivamente a própria sociedade (Q 12, §2, p. 1.547-1.548). É com base nestes pressupostos que resolvemos organizar o estudo e a hermenêutica do *Caderno 12* em torno da estrutura fundamental que articula todo o conjunto deste manuscrito, ou seja, a interligação incindível entre a concepção original e revolucionária de "intelectual orgânico" – "escola unitária" – "educação integral" que constituem a base do novo princípio educativo, assuntos dos próximos capítulos.

3. TEMAS PRINCIPAIS ORGANICAMENTE ARTICULADOS

No primeiro capítulo, apresentamos os elementos da composição e da estrutura do *Caderno 12* e evidenciamos a trama unitária e as questões que afloram em cada página dos três parágrafos que constituem este escrito temático. No segundo capítulo, resgatamos a gênese e as conexões do *Caderno 12* com numerosos textos disseminados na obra de Gramsci, considerada inseparável no seu conjunto. Neste terceiro capítulo, concentraremos as atenções sobre a concepção de "intelectual orgânico", de "escola unitária" e de "educação integral", as vértebras que constituem a espinha dorsal do *Caderno 12* e articulam o seu conjunto.

"Intelectuais orgânicos"

A centralidade dos intelectuais na obra de Gramsci

Os dados apresentados nos capítulos anteriores revelam que, ao longo dos seus escritos carcerários e pré-carcerários, Gramsci dedica constantemente suas atenções à função dos intelectuais e ao papel estratégico que a cultura, "alta" ou "popular", desempenham na política e na sociedade. Considerando só os *Cader-*

nos do cárcere percebe-se um impressionante número de notas sobre os intelectuais, na multiplicidade das suas expressões, que perpassam toda a sua composição e conferem organicidade ao seu trabalho. O extenso material que Gramsci recolhe sobre os intelectuais na história da Itália e em diversos países oferece um retrato extraordinário da atuação e complexidade deste setor estratégico na sociedade. É enorme a bibliografia que reúne sobre o assunto e as referências críticas a autores de filosofia e história, de literatura e narrativa, a figuras da política e da cultura, da arte, da religião, da educação, da linguística, além de uma grande quantidade de argutos comentários a livros, periódicos, revistas, jornais, artigos, não só "*Riviste tipo*" como, por exemplo, "*Critica*" de Croce, "*Voce*" de Prezzolini, "*Leonardo*" de L. Russo, "*Politica*" de Coppola, "*Nuova Rivista Storica*" de Barbagallo, "*Unità*" de Salvemini, "*La Civiltà cattolica*" dos jesuítas, "*Critica fascista*", "*L'Italia Letteraria*", "*Nouvelles Littéraires*", "*Il Marzocco*", "*La Riforma sociale*", "*La Fiera letteraria*", "*Nuova Antologia*", "*Pegaso*" etc. mas, também, muitas publicações que tratam de cultura popular, de romances de folhetim, de folclore, de literatura infantil e revistas humorísticas (Q 1, §65, p. 75). Arena de embate já na sua atividade jornalística, este universo amplia-se ainda mais durante a pesquisa no cárcere, na qual continua a manifestar a necessidade de "um estudo de como é organizada de fato a estrutura ideológica de uma classe dominante", cujo instrumento mais importante é "a imprensa em geral: editoras, jornais políticos, revistas de todo tipo, científicas, literárias, filológicas, de divulgação etc. até os boletins paroquiais". Além disso, Gramsci considera, também, "tudo o que pode influir sobre a opinião pública, direta ou indiretamente: as bibliotecas, as escolas, os mais diversos círculos e os clubes, até a arquitetura, a disposição das ruas e seus nomes" (Q 3, §49, p. 332-333). Sugere, portanto, "estudar concretamente, em cada país, a organização cultural que movimenta o mundo ideológico", principalmente a "escola, em todos os seus graus" e a "Igreja", as publicações e as profissões, principalmente, "médicos, oficiais do exército, magistratura" (Q 11, §12, p. 1.394). No interior deste vasto campo de produção ideológica e cultural, no qual atuam legiões de intelectuais, Gramsci dedica uma particular atenção aos jornalistas de cotidianos de grande difusão que trabalham em "jornais, que constituem verdadeiros partidos" (Q 1, §116, p. 104) e reserva também uma crítica irônica e corrosiva aos intelectuais sensacionalistas e demagógicos que predominam na formação do senso comum, "apoiados por forças interessadas", principalmente, durante períodos de crise, de confusão política e de "paixões desenfreadas" para degradar "um ambiente de civilização ainda fraco e delicado". E Gramsci prossegue com uma consideração de atualidade surpreendente: "Só agora (1935), depois das manifestações de brutalidade e ignomínia inaudita da 'cultura' alemã dominada pelo hitlerismo, algum intelectual percebeu quão frágil fosse a civilização moderna" (Q 28, §1, p. 2.326).

Exemplo impactante desta "cultura" degradada difusa na Itália é Achille Loria, notório intelectual pela ampla produção sensacionalista e oportunista sobre variados assuntos, destituídos de rigor científico, exibicionista e grotesco, protagonista de episódios bizarros e de elucubrações sem fundamento. Ao "lorianismo", como "fenômeno de deterioração cultural" (Q 28, §6, 2.328), Gramsci dedica o Caderno 28, mas, na verdade, a crítica combativa a este tipo de "escritor aventureiro" encontra-se já presente nos seus escritos juvenis, em artigos como "La scala d'oro di Achille Loria" (*Avanti!*, 17/05/1917) e "Achille Loria e il socialismo" (*Avanti!*, 29/01/1918). Na "Introdução ao primeiro curso da escola interna de partido", Achille Loria é posto juntamente com Enrico Ferri, Guglielmo Ferrero, Paolo Orano, Benito Mussolini, intelectuais do Partido Socialista Italiano, que se serviram do marxismo para usá-lo como "tempero para todos os mais indigestos molhos que os mais despudorados aventureiros da escrita tenham postos à venda" (Gramsci, 1978, p. 55; Gramsci, 2004, vol. 2, p. 296). Para Gramsci, o mais preocupante é que o tipo de literatura produzida por Loria, funcional à "desorganicidade" da cultura e "irresponsável em relação à formação da cultura nacional" (Q 28, p. 2.321), não é um "caso teratológico individual [...], uma vez que cada país tem o seu" (Q 1, §25, p. 22), mas, é um fenômeno que se alastra entre intelectuais de renome, como Alberto Lumbroso, e outros enumerados no *Caderno 28*.

Ocorreu assim também na Alemanha "dominada pelo hitlerismo", onde "fermentava, por baixo do aparente domínio de um grupo intelectual sério, um lorianismo monstruoso que rompeu a crosta oficial e se difundiu como concepção e método científico de uma 'oficialidade'" (Q 28, §1, p. 2.325). Por trás da aparência inusitada e goliardesca, na verdade, este tipo de intelectual desempenha uma função estratégica frente à carência ou ausência de educação e de senso crítico nas massas populares que, não possuindo meios e hábitos "científicos e críticos", abraçam facilmente soluções ilusórias, místicas e extravagantes para os problemas sociais e políticos.

Outro exemplo de literatura desorgânica e corrosiva para a formação das camadas populares é representado pelos escritos do jesuíta Antonio Bresciani, autor do famoso romance histórico *O hebreu de Verona* e inspirador de uma "escola" de deturpação ideológica e de uma corrente de escritores que Gramsci denomina de "filhotes de padre Bresciani". Pela importância que Gramsci atribui a estes fenômenos literários basta observar o número imponente de anotações registradas desde o *Caderno 1* e constatar que nos elencos dos planos de estudo inclui o "lorianismo" e o "brescianismo" – como nos "Ensaios principais" que abre o *Caderno 8* – (Q 8, p. 936). Em relação, particularmente, ao brescianismo Gramsci coleta um extenso material que chega a mais de 200 notas nos *Cadernos*. Inspirado no ensaio de F. De Sanctis sobre padre Bresciani, a rubrica "brescianismo", já presente no §24 do *Caderno 1*, indica a profusão de uma produção de romances de caráter popular, voltados a deformar e falsificar a realidade com a finalidade de alimentar uma propaganda ideológico-política. Negligenciada na história da cultura, para Gramsci, esta literatura "tem um grandíssimo valor [...] indica qual é a 'filosofia da época', ou seja, qual massa de sentimentos [e de concepções do mundo] predominam na multidão 'silenciosa'" (Q 5, §54, p. 586-587).

Ao longo de numerosas notas, Gramsci revela que esta literatura era incentivada na Itália fascista e tinha como alvo principal a desqualificação e a criminalização do socialismo, do bolchevismo e do comunismo. Relacionados com a "escola" do "brescianismo" e o "jesuitismo literário" (Q 3, §13, p. 299), Gramsci analisa os escritos de diversos autores (Alfredo Panzini, Ugo Ojetti, Margherita Sarfatti, Mario Sobrero, Antonio Beltramelli etc.) que apresentam características comuns, tal como a representação maniqueísta das oposições de classe que contrapõe a sociedade patriarcal e respeitável dos proprietários de terras ao mundo dos camponeses ignorantes e rancorosos; a vida admirável dos burgueses defensores dos valores sadios e vítimas inocentes das revoltas populares e, de outro lado, os proletários rudes, inimigos de Deus, atrasados e presa fácil de sediciosos e políticos sedentos de poder, violentos e depravados. O brescianismo, para Gramsci, é "determinado pelo espírito econômico-corporativo de casta, de origem medieval e feudal" (Q 23, §8, p. 2.198) e representava claramente a mentalidade das classes dominantes e a covardia das camadas intelectuais que cultivavam o desprezo pelas classes populares. No *Caderno 23*, §36, mostra que a literatura brescianesca torna-se predominante em épocas de restaurações:

> A psicologia que antecedeu uma tal manifestação intelectual é a criada pelo pânico, pelo medo cósmico de forças demoníacas que não se compreendem e que só podem ser controladas por uma universal construção repressiva [...] sobra o ódio, o espírito de vingança, a cegueira [...] tudo é propaganda, polêmica, negação implícita, na forma mesquinha, pequena, muitas vezes desprezível e revoltante como em *O hebreu de Verona*. (p. 2.232)

Na abordagem desta literatura, Gramsci capta, como poucos na sua época, o terror da classe dominante e de seus intelectuais diante do

> avanço da sociedade de massa, o medo da classe média em relação ao socialismo, o anticapitalismo reacionário dos proprietários de terras, a preocupação de manter com todos os meios o domínio sobre os camponeses, a necessidade de ver restabelecida a ordem social diante da sequência das crises: todos fatores que favoreciam a aproximação das classes médias ao fascismo e reforçavam o bloco histórico conservador. (Musitelli, 2004, p. 42)

Ao analisar este extenso e capilar universo controlado pelas classes dominantes, Gramsci se convence cada vez mais de que a dominação não ocorre apenas por meio da concentração do poder econômico, do velho conceito de Estado municiado de aparelhos de repressão e do "monopólio da violência", mas, principalmente, pela luta hegemônica entre as classes que ocorre com muita intensidade no terreno da "cultura" (posta no título do *Caderno 12*), nos organismos da sociedade civil e na conquista do senso comum, em uma disputa que não economiza armas e recursos. Não há dúvida de que, entre os marxistas do seu tempo, Gramsci pode ser considerado o estudioso que mais percebeu a importância do embate cultural e da propagação do "material ideológico" no senso comum, terreno decisivo na "guerra de posição" que exige "uma concentração inaudita da hegemonia" (Q 6, §138, p. 802).

O interesse constante pelo tema dos intelectuais nos seus escritos e em todos os seus planos de trabalho elaborados na prisão e os desdobramentos das investigações sobre esse assunto têm levado analistas a considerar que "toda a obra gramsciana resulta atravessada por este tema" (Broccoli, 1972, p. 105) e que a questão dos intelectuais pode ser considerada "o vir a ser do pensamento nos *Cadernos*" (Frosini, 2003, p. 31), "uma moldura geral, uma espécie de horizonte em constante expansão" (Frosini, 2011, p. 7). Desde o primeiro *Caderno*, já constelado de muitas notas sobre os intelectuais e de uma extensa lista de "intelectuais italianos" (Q 1, §116, p. 103), Gramsci observa que "é preciso entender por intelectuais não só os estratos considerados convencionalmente com esta denominação, mas, em geral, toda a massa social que exerce funções organizativas em sentido amplo, seja no campo da produção, seja no campo da cultura e no âmbito administrativo-político" (Q 1, §43, p. 37). Antes das condensações no *Caderno* 4, base do *Caderno* 12, nos primeiros *três Cadernos miscelâneos* há um conjunto de reflexões sobre a atuação dos intelectuais, relacionados, principalmente, com a história italiana e uma série de notas dedicadas ao seu caráter cosmopolita, à falta de seu espírito nacional, ao distanciamento da realidade popular, mostrando que este fenômeno afunda suas raízes no longo período do Império romano e da Idade Média, no peso e na capilaridade da organização eclesiástica, na pulverização das comunas, no papel da aristocracia intelectual renascentista e na restauração da contrarreforma. Mas, com as transformações ocorridas na modernidade e as demandas provenientes da explosão da produção industrial, da expansão das escolas e da consolidação do Estado, Gramsci evidencia que: "No mundo moderno, a categoria dos intelectuais se ampliou de modo inaudito. Foram elaboradas pelo sistema social-democrático-burocrático massas imponentes" (Q 12, §1, p. 1.520). E, por outro lado, salienta que as conquistas da ciência e do conhecimento chegaram a tal ponto que "toda a atividade prática tende a criar uma escola para os seus dirigentes e, portanto, a criar um grupo de intelectuais especialistas de grau mais elevado, que ensinem nessas escolas" (Q 12, §1, p. 1.530). Desta forma, Gramsci descortina um amplo campo de visão sobre a multiplicação de especializações e competências e sobre as atividades das diferentes categorias de intelectuais: urbanos, rurais, acadêmicos, cientistas, técnicos, economistas, jornalistas, artistas, especializados em inúmeras profissões que com seu "trabalho intelectual" atuam não só nas empresas e nos setores da produção material, mas também na administração, na burocracia, na "organização escolar (em sentido amplo)", na cultura, nos meios de comunicação, nos institutos especializados, nas redações de revistas e jornais, nos partidos e nas organizações políticas, destacando, ao mesmo tempo, a diversidades de funções, graus e qualificações e a diferença entre "criadores", "administradores" e "divulgadores" (Q 12, §1, p. 1.519).

Neste enorme caleidoscópio, no qual não faltam contradições e problemas de "superprodução escolar, desemprego, emigração etc." (Q 12, §1, p. 1.520), Gramsci destaca a constituição de "categorias especializadas de intelectuais" que "se formam em conexão com todos os grupos sociais, especialmente, com os mais importantes" das classes dominantes, habilidosas também em assimilar os intelectuais tradicionais (Q 12, §1, p. 1.516-1.517). Estes, predominando, principalmente, no campo e nas regiões mais atrasadas da Itália da primeira metade do século XX, eram constituídos não só pelos "eclesiásticos", mas, também, por grande parte de médicos, advogados e escriturários, professores da escola primária, funcionários da prefeitura e "profissionais" liberais pertencentes a famílias abastadas que haviam conseguido um "diploma graças à irresponsabilidade e à distração dos professores",[35] mais do que por mérito próprio. A análise crítica e mordaz dessas figuras não leva Gramsci a idealizar o camponês que, com uma mistura de "admiração e inveja", almeja para seus filhos a carreira eclesiástica e o nível de vida superior do intelectual que "representa um modelo social na aspiração para sair da sua condição" (Q 12, §1, p. 1.521).

O conjunto destas considerações, disseminadas desde as primeiras páginas dos *Cadernos do cárcere* (Q 1, §43, p. 35-40), foi amadurecendo antes da prisão e confluindo, principalmente, no ensaio *"Alcuni temi della quistione meridionale"*, de 1926, interrompido pelo encarceramento que ocorreu em novembro do mesmo ano. Neste escrito, Gramsci retrata o Sul da Itália (*Mezzogiorno*) como "uma grande desagregação social" que impedia a construção da aliança operários-camponeses e mostra que a situação "amorfa" da "grande massa camponesa" ocorria pelo fato de a pequena e média burguesia rural direcionar seus intelectuais a abastecer as atividades do Estado e, portanto, exercer "a função de intermediação entre o camponês e a Administração em geral". Desta forma, a aliança entre o "bloco agrário" da sociedade meridional e o seu "bloco intelectual" servia para impedir a formação de "rachaduras" no sistema. Integrantes deste "bloco intelectual", eram intelectuais de renome como Giustino Fortunato e Benedetto Croce, "os reacionários mais ativos da península".[36] Já neste ensaio, portanto,

---

[35] Gramsci, A. "Socialismo e cultura". *In*: Torinesi, C. *Il Grido del Popolo*, 29/02/1916, *op. cit.*, p. 101.
[36] Gramsci, A. *Alcuni temi della quistione meridionale. In: La questione meridionale*, a cura di F. De Felice e V. Parlato. Roma: Editori Riuniti, 1974, p. 155. Em relação a esta questão cf. Green, M., "Subalternità, questione meridionale e funzione degli intellettuali". *In*: G. Schirru, a cura di, *Gramsci, le culture e il mondo*. Roma: Viella, 2009, p. 53. Cf. também Semeraro, G. "Gramsci e os movimentos

> Gramsci havia individuado nos intelectuais o elo que faltava ao materialismo histórico, uma vez que é o exercício das suas funções técnicas e culturais que dá forma às relações entre as classes e os grupos sociais, elaborando os conteúdos ideais e morais das relações entre governantes governados, dirigentes e dirigidos. (Vacca, 2014, p. 540)

O papel estratégico dos intelectuais, já claro na militância política e na reflexão pré-carcerária, torna-se crucial na meditação carcerária e é abordado não só no *Caderno 12*, mas, também em outros *Cadernos especiais*, que deixam claro que "uma massa não se 'distingue' e não se torna independente 'para si' sem organizar-se (em sentido lato) e não há organização sem intelectuais, ou seja, sem organizadores e dirigentes" (Q 11 §12, p. 1.385-1.386).

Concentrando suas atenções particularmente no próprio país, Gramsci evidencia a prolongada "função cosmopolita dos intelectuais italianos" (Q 6, §7, p. 687), arraigados nas estruturas de poder ao longo de uma história que gerou e cristalizou estruturas de um sistema imperial, de feudos e da poderosa "organização eclesiástica que por muitos séculos absorve a maior parte das atividades intelectuais e exercita o monopólio da direção cultural" (Q 12, §1, p. 1524). Para Gramsci, a singularidade deste fenômeno, que levou "o gênio" dos italianos a serem "europeus" e "cosmopolitas" (Q 3, §80, p. 360), explica a ausência de um projeto "nacional-popular" (Q 3, §82, §87, §88, §115) e "a deficiência de caráter popular-nacional dos intelectuais italianos" (Q 9, §6, p. 11.36). Tal situação favoreceu a fragmentação regional, invasões estrangeiras, a migração e a absorção dos intelectuais italianos em outras partes do mundo, retardando a constituição de um Estado moderno e a formação de um projeto nacional (Q 5, §31, p. 568). Por isso, Gramsci sustenta que sem

---

populares: um estudo a partir do *Caderno 25*", *Revista Educação e Sociedade*, n. 126, p. 61-76, jan.-mar. 2014.

um corpo de intelectuais de caráter nacional-popular não há organização política, não se consegue a formação de "superestruturas de uma sociedade integral" (Q 5, §123, p. 652) nem um Estado soberano. Diversamente do que ocorreu na França com a revolução e, de certa forma, na Alemanha com a "tradução" teórica daquele evento crucial (LC, 30/05/1932, p. 582), a Itália permaneceu presa nas amarras do seu passado.

No próprio processo de unificação da Itália desencadeado no *Risorgimento*, em sintonia com o conceito de "intelectual orgânico" abordado no *Caderno 12*, Gramsci observa que os intelectuais moderados "eram intelectuais e organizadores políticos e também chefes de empresas, grandes agricultores ou administradores de terras, empresários comerciais e industriais etc. Por esta 'condensação' ou concentração orgânica, os moderados exercem uma poderosa atração, de modo 'espontâneo', sobre toda a massa de intelectuais existentes na península de forma 'difusa', 'molecular'" (Q 19, §24, p. 2.012). Além do poder econômico e da liderança na produção, os "Moderados" souberam criar também a sua hegemonia com "1) uma concepção geral da vida, uma filosofia (Gioberti), capaz de oferecer aos seguidores uma 'dignidade' intelectual com um princípio de distinção e de luta contra as velhas ideologias dominantes coercitivamente; 2) um programa escolar, um princípio educativo e pedagógico original" capaz de atrair o interesse de intelectuais e numerosos professores de escola (Q 19, §27, p. 2.047). O retrato desta situação concreta leva Gramsci a definir que "a supremacia de um grupo social se manifesta em duas maneiras, como 'domínio' e como 'direção intelectual e moral'", necessária "antes de conquistar o poder governativo" e também durante a sua gestão (Q 19, §24, p. 2.010).

A análise dessa realidade histórica concreta confirma o "critério de pesquisa histórico-política", delineado no §1 do *Caderno*

12, e mostra efetivamente que "não existe uma classe independente de intelectuais" que pairam acima das vicissitudes sociopolíticas, mas, trata-se sempre de personagens inseridos em determinados contextos históricos e organicamente vinculados aos interesses de grupos específicos no jogo das forças que atuam na sociedade.

O significado integral de "intelectual orgânico"

Na elaboração do conceito de "intelectual orgânico" nota-se que há uma argumentação crescente e uma ampliação de seu significado que parte da descrição da sua atuação no sistema produtivo e na organização complexa da sociedade moderna, passa pela distinção em relação ao "intelectual tradicional" e se adentra na formação que ocorre nas atividades do partido democraticamente organizado e que evolui para o mais elevado nível "ético-político", alcançando dimensões nacionais e internacionais. Vimos que, além de desconstruir a imagem do intelectual como ser superior, neutro e avulso da realidade, Gramsci evidencia também a limitação da "organicidade" dos intelectuais que se colocam a serviço do "empresário capitalista", junto ao qual se tornam "soldados" e "'prepostos' do grupo dominante para o exercício das funções subalternas da hegemonia social e do governo político" (Q 12, §1, p. 1.519). Moldados no sistema da "indústria" que reproduz o "modelo do organismo militar", tais intelectuais "não dispõem de nenhuma iniciativa autônoma" (p. 1.520). Sendo, portanto, "orgânicos" a um projeto centralizador e a uma minoria que plasma relações sociais e configura o Estado de acordo com os interesses econômicos da própria classe, na prática, tais intelectuais se tornam "desorgânicos" às aspirações da maioria da população que constitui as classes subalternas, cuja luta pela unificação, como adverte Gramsci, "é continuamente quebrada pela iniciativa dos grupos dominantes" (Q 25, §2, p. 2.283). Recorrendo à política do transformismo e a toda forma de repressão, o Estado-governo destes grupos procura controlar as massas construindo "uma força de sem partido vinculado ao governo com elos paternalistas de tipo bonapartista-cesarista" (Q 3, §119, p. 387). Por isso, na avaliação da organicidade dos intelectuais é necessário levar em conta alguns critérios: "têm postura 'paternalista' diante das classes instrumentais? Ou 'acreditam' que são uma expressão orgânica? Têm atitude 'servil' em relação às classes dirigentes ou se consideram eles mesmos dirigentes?" (Q 1, §43, p. 37).

Neste sentido, a análise crítica em relação aos intelectuais "tradicionais" e aos intelectuais a serviço da classe dominante revela que a "organicidade" de um intelectual não pode ser deduzida apenas pelos seus vínculos com um grupo social, por mais moderno que seja, nem pelas funções que desempenha na classe ou até no partido, uma vez que estes podem ser sectários, burocráticos e ultrapassados. Ao retratar o salto de qualidade que ocorre na formação promovida pelo partido, conforme sua própria experiência pessoal, além dos conhecimentos técnicos e científicos, Gramsci mostra que os operários aprendiam os meios para sair da condição de subalternidade e da estreita visão econômico-corporativa e eram educados "até se tornarem *intelectuais políticos qualificados, dirigentes, organizadores de todas as atividades e funções inerentes ao orgânico desenvolvimento de uma sociedade integral, civil e política*" (Q 12, §1, 1.522, grifos meus). Para Gramsci, sendo "crisol da unificação de teoria e prática entendida como processo histórico real", é no partido que se promove a participação ativa e democrática de todos e que ocorre uma autêntica formação de "intelectualidades orgânicas" (Q 11, §12, p. 1.387). Um objetivo tão elevado e abrangente, que envolve o protagonismo criativo de todos, representa uma diferença substancial em relação ao restrito papel dos "intelectuais orgânicos" a serviço do "empresário capitalista" e está em consonância com a descrição do "terceiro momento" do amadurecimento da hegemonia de um grupo social sobre a inteira nação "determinando, além da unificação dos fins econômicos e políticos, também a unidade intelectual e moral", de modo a tornar-se "a força motora de uma expansão universal, de um desenvolvimento de todas as energias 'nacionais'" (Q 13, §17, p. 1.584). A organicidade efetiva, portanto, é uma atribuição dos que se envolvem na construção de uma "sociedade integral", que universaliza direitos, que promove uma recíproca educação democrática e prepara para a arte de ser "governantes" (Q 10, §41, p. 1.319-20), em um processo "catártico" de "luta de 'hegemonias' políticas [...] para chegar a uma elaboração superior da própria concepção do real" (Q 11, §12, p. 1.385). Gramsci aprofunda, assim, a "contribuição original e criadora" introduzida por Lenin (Q 4, §38, p. 465) com "o princípio teórico-prático da hegemonia", inédita concepção de política que inaugura novas perspectivas "gnosiológicas" e engendra "o maior aporte teórico de Ilitch à filosofia da práxis" (Q 10, II, §12, p. 1.250), tornando-se, assim, uma conquista fundamental que explana o terreno para a revolução na educação e na constituição da subjetividade ativa das classes trabalhadoras. O significado de "orgânico", portanto, não pode ser reduzido ao conceito de "quadro", do intelectual designado para dar as diretivas ao partido e às massas (Nosella, 1992, p. 112). Ao contrário, com base nos elementos que apresenta, Gramsci afirma que "todos os membros de um partido político devem ser considerados como intelectuais [...]. Será preciso fazer uma distinção de graus [...], não é isso que importa: importa a função que é diretiva e organizativa, ou seja, educativa, quer dizer, intelectual" (Q 12, §1, p. 1523). De fato, embora os intelectuais "profissionais" desempenhem funções específicas na organização do partido e na construção da hegemonia, Gramsci não estabelece uma separação qualitativa entre os integrantes do partido, entre intelectual e trabalhador, entre atividades diretivas e executivas, uma vez que todos, em um conjunto dialético, formam um corpo unitário e constituem um "intelectual coletivo" que precisa se qualificar em todos os setores da vida social.

Esta concepção estabelece a diferença entre o intelectual "orgânico" aos interesses de um grupo restrito, que dirige a sociedade pelo alto, opera para manter a massa na condição subalterna, aprofunda as contradições e desagrega, e o "intelectual democrático" que promove a conscientização, a organização política e o protagonismo popular para superar as contradições e socializar o poder, de modo que todos possam ter condições de se autogovernar e de tornar-se "dirigentes" da sociedade. Desta forma, a concepção de "intelectual orgânico" apresentada no *Caderno 12* está em consonância com a configuração de "intelectual democrático" descrito no *Caderno 10*, §44 (p. 1.332), em um parágrafo que trata da relação ativa e recíproca entre "mestre e aluno", da constituição da personalidade do filósofo na "relação ativa entre ele e o ambiente cultural que ele quer modificar, ambiente que reage sobre o filósofo e, obrigando-o a uma contínua autocrítica, funciona como 'mestre'" (p. 1.331). Ao apresentar o intelectual que se "imiscua ativamente com a vida prática" (Q 12, §3, p. 1.551) e torna-se um educador político que se "confunde com o povo" (Q 13, §1, p. 1.556), Gramsci desconstrói as teorias do elitismo filosófico, político e pedagógico, não se coaduna com a "tipificação do poder" e o "político profissional" caracterizados por M. Weber (2001, p. 54-50) ou com a classificação "sociológica" operada por R. Michels (Q 2, §75, p. 230-238)[37] e se contrapõe à postura aristocrática de B. Croce,

---

[37] Cf. Michels, R. *Corso di sociologia politica*. Milano: Instituto Editoriale Scientifico,1927; Ver também *Il partito político. Le tendenze oligarchiche della democrazia moderna*, Torino: Utet,1924.

intelectual do "partido ideológico da burguesia" que elabora habilmente uma plataforma hegemônica voltada a sublimar teoricamente a "revolução passiva".

Em relação às teorias em voga, a concepção revolucionária de "intelectual orgânico" entra em choque "com os preconceitos de casta" (p. 1.519) e desencadeia uma inaudita consequência: a superação da divisão atávica entre intelectuais e povo, dirigentes-dirigidos, superiores-inferiores, educadores-educandos (Q 15, §4, p. 1.752). Gramsci, de fato, combate todo tipo de "profissionalismo", vanguardismo e burocratização e promove a instauração de uma relação dialética e pedagógica entre intelectuais e povo:

> O erro do intelectual consiste em acreditar que seja possível saber sem compreender e especialmente sem sentir e ser apaixonado, ou seja, que o intelectual possa ser tal distinto e separado do povo: não se faz história-política sem paixão, quer dizer, sem estar sentimentalmente unidos ao povo, ou seja, sem sentir as paixões elementares do povo, compreendendo-as, explicando-as, [e justificando-as] na determinada situação histórica e conectando-as dialeticamente às leis da história, ou seja, a uma superior concepção do mundo, cientificamente elaborada, o 'saber'. (Q 11, §6, p. 1.505)

Para além da sugestiva elaboração literária, a desafiadora conexão "sentimental" e "apaixonada" entre intelectuais e "povo-nação" na realidade concreta da história reflete a experiência efetiva de "intelectual orgânico" vivenciada por Gramsci e adquire a marca de uma ruptura epistemológica não só em relação às posições burocráticas, idealistas e elitistas, mas também frente ao paternalismo praticado pela Igreja em relação aos "simples", ao "naturalismo francês" de De Man que com seu "cientificismo" analisa o povo como "zoólogo" (Q 11, §66, p. 1.501) e ao "realismo" italiano de escritores muito considerados, como Giovanni Verga, nos textos do qual "o povo do campo é visto com 'distanciamento', como 'natureza' extrínseca ao escritor, como espetáculo natural [...]. Ou, como se observa no *Promessi Sposi* de Manzoni, no qual existe o mesmo 'distanciamento' dos elementos populares, distanciamento apenas encoberto por um benévolo sorriso irônico e caricatural" (Q 6, §9, p. 688). Autor recorrente nos *Cadernos do cárcere*,[38] ao lado de outras categorias de intelectuais tipificadas por Gramsci, Manzoni "não contribuiu para criar na Itália o 'povo-nação' nem no Romantismo [...]". Na prática, "a atitude de Manzoni em relação às figuras do povo que retrata é a atitude da Igreja católica em relação ao povo: de condescendente benevolência, não de identificação humana" (Q 7, §50, p. 896). Coerente com suas novas convicções, Gramsci não omite também uma crítica ao pensador marxista Antonio Labriola que, em um diálogo em sala de aula, chegou a sustentar a necessidade de manter "provisoriamente" um povo indígena ("papuano") como "escravo" e "ver se para seus netos e bisnetos se poderá começar a utilizar algo da nossa pedagogia" (Q 11, §1, p. 1.366).

Ao longo das páginas até aqui escritas já evidenciamos que, para Gramsci, a afirmação de que "todos são intelectuais" não elimina a necessidade do educador e a função específica do intelectual. Ao contrário, em um mundo complexo e sofisticado que amplia as condições do conhecimento e da informação, que expande enormemente as fronteiras da ciência e da tecnologia e torna cada vez mais complexas as relações sociais, o papel do "intelectual orgânico" se faz ainda mais necessário para aprofundar o senso crítico diante das contradições, das falsificações e dos embates ideológicos, para resgatar as conexões com a história e promover uma visão de conjunto da realidade. Com seu

---

[38] Posto entre os "temas principais" elencados na abertura do *Caderno 1*, as referências a Manzoni aparecem em diversas notas, principalmente no *Caderno 3*. Para uma visão sintética da análise de Gramsci em relação a Manzoni, ver particularmente o §51 do *Caderno 23* "*Popolarità del Tolstoi e del Manzoni*".

trabalho de pesquisador e tendo instrumentos mais apurados na construção do pensamento, na interlocução dialética com os mais diversos pontos de vista e na "elaboração nacional unitária de uma consciência coletiva", um efetivo intelectual "orgânico", com sua "especialização" e "qualificação" (Q 24, §3, p. 2.267-2.268), não pode abdicar da inelimínável e desafiadora tarefa de promover o conhecimento mais avançado, de investigar os aspectos encobertos da sociedade e colocar-se em profunda osmose com os anseios da população. Ao ampliar a concepção de "intelectuais orgânicos" juntamente com a noção de Estado (LC, 07/09/1931, p. 458-459), Gramsci deixa claro que estes alcançam o grau mais elevado de "organicidade" quando realizam atividades que promovem a elevação intelectual e moral e o protagonismo político de uma "democracia de massa" (Coutinho, 1994, p. 78), capaz de fundar uma nova concepção de Estado e criar "uma nova civilização" (Q 13, §1, p. 1564), para cuja construção é também necessária uma nova concepção de educação e de escola, como veremos a seguir.

A "escola unitária"

Os elementos inovadores que configuram o "intelectual orgânico" prepararam o terreno para Gramsci desenvolver a concepção de "escola unitária". Sem solução de continuidade com a primeira parte, de fato, na segunda parte do §1 do *Caderno 12*, como sinaliza o seu parágrafo introdutório (p. 1.530), Gramsci conecta a "questão dos intelectuais" com a escola nas suas diversas formas. Sempre levando em conta as transformações que ocorrem na história e na "civilização moderna", o desenvolvimento da ciência e da tecnologia relacionadas com a complexidade de atividades práticas que foram exigindo escolas especializadas, Gramsci articula a configuração de "intelectual orgânico" com o desenho da "escola unitária". Diante do agravamento da "crise escolástica" e da situação caótica criada pela permanência da escola "tradicional", restrita a "uma pequena elite de senhores e de mulheres que não devem pensar a se preparar para um futuro profissional", ao lado da difusão de "um sistema de escolas particulares" para atender à ramificação das profissões e das especializações, sem uma "política de formação dos modernos quadros intelectuais", Gramsci aponta como solução a criação de uma "escola única inicial de cultura geral, humanista, formativa, que promova com justo equilíbrio o desenvolvimento da capacidade de trabalhar manualmente (tecnicamente, industrialmente) e o desenvolvimento das capacidades do trabalho intelectual" (p. 1.531). Desta forma, vai além da escola tradicional, que não corresponde mais às exigências do mundo contemporâneo, e desvela também a armadilha das "escolas profissionais especializadas que predeterminam o destino do estudante" (p. 1.531).

Tal como na abertura do §1 iniciara suas reflexões partindo do mundo da produção, em que o "empresário capitalista" criava seus próprios intelectuais "orgânicos", também aqui, antes de apresentar a sua proposta em relação à escola e à educação, Gramsci traz uma descrição dos métodos e dos "aspectos orgânicos" que operam nos modernos órgãos deliberativos e ao redor do "novo dirigente", que se cerca de um "colegiado" técnico e de "grandes especialistas" para trabalhar e solucionar problemas. Diversamente do "tipo tradicional de 'dirigente' político" que agia autocraticamente, os "organismos deliberativos" colegiados, para poder dar conta das "complexas sociedades nacionais modernas", precisam conjugar as contribuições técnicas e científicas dos especialistas com uma "orgânica" visão política que se constrói em conjunto, evitando que um corpo burocrático "acabe por controlar os regimes democráticos e os parlamentos" (p. 1.532). Métodos semelhantes são utilizados também em algumas redações de revistas e nos círculos de cultura, em que ocorre uma educação recíproca, que opera democraticamente a "competência coletiva" nas discussões críticas e um "grupo homogêneo de intelectuais" cria "orgânicas condições de trabalho", uma "disciplina dos estudos" que "demanda uma luta rigorosa contra os hábitos do diletantismo, da improvisação, das soluções 'oratórias' e declamatórias" (p. 1533). Desta forma, com uma argumentação crescente e ramificada, Gramsci apresenta as funções do "intelectual orgânico" no âmbito da fábrica, no partido e nas "oficinas" das "redações de revistas e círculos de cultura", todos espaços nos quais atuou pessoalmente. Nesta segunda parte da primeira nota, no entanto, emerge uma diferença notável em relação ao quadro traçado em volta do "empresário capitalista" no início do *Caderno 12*. Agora, conforme a configuração do sistema democrático do partido moderno analisado acima, Gramsci enfatiza o "trabalho colegiado" de produção intelectual interdisciplinar e orgânica, que envolve ativa e democraticamente todos os seus integrantes.

Portanto, é com base nestas premissas de experiências concretas que prepara o terreno para delinear a inovadora concepção de "escola unitária". Ao mostrar, de fato, a formação intelectual que ocorre nas práticas modernas de trabalho cada vez mais coletivas, complexas e exigentes, Gramsci fundamenta a necessidade de entrelaçar o conhecimento técnico e científico com a "preparação do pessoal técnico político" (p. 1.532), de modo que "a escola unitária ou de formação humanista (entendendo este termo no sentido mais amplo e não só em sentido tradicional) ou de cultura geral, deveria se propor a inserir os jovens na atividade social após conduzi-los a um certo grau de maturidade e capacidade para a criação intelectual e prática e de autonomia na orientação e na iniciativa" (p. 1.534). Conjugando inseparavelmente autodeterminação, criação teórica e prática, formação cultural "humanista" com trabalho manual e intelectual e atuação sociopolítica, Gramsci introduz na escola os elementos fundamentais tratados na elaboração da "filosofia da práxis que não separa o ser do pensamento, o homem da natureza, a atividade da matéria, o sujeito do objeto", o indivíduo da sociedade (Q 11, §37, p. 1.457).

A concepção unitária, histórica e dialética da realidade havia sido desenvolvida por Hegel, autor muito estudado por Gramsci, conforme as numerosas referências que constam nos seus escritos. Mas, também, a compreensão do trabalho como atividade constitutiva do ser humano estava já posta em Hegel. Este, de fato, contrastando a concepção naturalista, individualista e atomista da moderna burguesia, havia compreendido o caráter ontológico do trabalho, por meio do qual o ser humano não só transforma a natureza e constrói os meios para o seu sustento, como também consegue a autoprodução da consciência, o reconhecimento do outro e a criação da cultura em uma sociedade orgânica (Hegel, 1992, v. I, p. 126-133). Além de considerar o trabalho e a cultura como "obra ética de um povo" (Hegel, 1996, §§142, p. 139), a própria atividade intelectual, que exige a árdua construção do conceito pela investigação e a comprovação, assim como a conquista da liberdade pela criação da cultura passam por um processo histórico material, progressivo e coletivo. No seu sistema, uma vez que as partes estão relacionadas com o todo, a realidade precisa ser apreendida na sua totalidade e a verdade construída na relação com "o inteiro" e,[39] consequentemente, a educação como desenvolvimento do ser humano deve ser considerada na sua integralidade.

Além de Hegel, no entanto, e tendo no pensamento de Marx sua referência maior, Gramsci não só compreende a função do

---

[39] Hegel, F.W.G. *Lezioni sulla storia della filosofia*. Codignola, E.; Sanna, G. (org.). Firenze: La Nuova Italia, 1973, p. 12.

intelectual no "conjunto das relações sociais" estruturadas pelo modo de produção capitalista, como elabora sua concepção de escola e de educação, partindo das determinações históricas de uma sociedade dividida em classes. Na verdade, Marx, embora tivesse reconhecido que Hegel fora o primeiro a captar o segredo do trabalho como essência do homem que produz e se reproduz,[40] e considerasse também que "o processo de trabalho conjuga o trabalho do cérebro e o trabalho das mãos" (Marx, 2008, p. 577), situa o ser humano e o trabalho nas concretas condições desencadeadas pelo capitalismo, permeado por profundas contradições e consequências catastróficas. Diversamente de Hegel, portanto, que "viu o aspecto positivo do trabalho" (Marx, 1984, p. 264), Marx mostra que a exploração, a concentração da riqueza, a degradação do trabalhador, o desemprego e a miséria não são transitórios e acidentes de percurso que podem ser reajustados, mas são funcionais e estruturais na irracionalidade do capitalismo. Desta forma, para Marx, o processo de produção, autoconsciência e constituição do ser humano precisa superar a alienação e a desumanização nas quais a classe trabalhadora foi enredada não apenas com a consciência das contradições, mas desencadeando a "práxis revolucionária" (Marx, 1998, p. 99-103) com a organização e o protagonismo político do "proletariado". Portanto, as referências de Marx relativas à escola e à educação, que constam nas "Instruções aos delegados" do Conselho Central Provisório Londrino do I Congresso da Associação Internacional dos Trabalhadores (AIT, 1869), tratam da necessidade de entrelaçar: 1. educação intelectual; 2. educação corporal; 3. educação tecnológica, relacionada ao processo de produção para conseguir uma formação "politécnica" (Marx;

---

[40] Semeraro, G. "A concepção de 'trabalho' na filosofia de Hegel e Marx". *Revista Educação e Filosofia*, Uberlândia, v. 27, n. 53, p. 87-104, jul. 2013.

Engels, 2004, p. 68-69), precisam ser inseridos no conjunto da sua obra, que não separa economia, ciência e filosofia da ação política. Só assim se consegue recompor o elo fundamental, que nunca é separado em Marx, entre homem e natureza, indivíduo e sociedade, trabalho físico e mental, "produção material e ensino" (Marx, 1990, p. 104), ciência e indústria, a integração da educação com o processo produtivo (Manacorda, 1996, p. 13-40).

Não há dúvida de que a esta linha de pensamento resta o pano de fundo da concepção de "escola unitária" elaborada por Gramsci. Mas, na sua peculiar formulação, opera também a experiência político-pedagógica concreta que ele vivenciou junto aos operários de Turim e a prática da "escola única do trabalho", que observou de perto durante sua estadia na União Soviética, entre junho de 1922 e novembro de 1923. O conjunto destas referências, juntamente com a análise do sistema escolar na Itália, leva Gramsci a sustentar que, para poder se concretizar e funcionar, o projeto inovador e desafiador da escola unitária "demanda que o Estado possa assumir as despesas [uma vez que] a inteira função da educação e formação das jovens gerações deixa de ser privada e passa a ser pública [...] sem divisões de grupos ou castas" (Q 12, §1, p. 1.534). Na verdade, esta proposição de Gramsci aparece já clara na *Crítica ao Programa de Gotha* (1875), na qual se sustenta que a educação popular, geral e igual deve estar a cargo do Estado, responsável pela instrução e a assistência escolar obrigatória para todos (Marx; Engels, 2004, p. 101).

Desta forma, além de ser obrigatória "pelo período que hoje é representado pelas escolas primárias e médias", a escola torna-se "unitária", porque promovida por um projeto orgânico do Estado, dedicado a "elevação intelectual e moral" de todos, sem discriminação nem divisão de classe. No *Caderno 12*, portanto, Gramsci enfatiza a responsabilidade do Estado, fundamental para a formação dos intelectuais que contribuem de forma crucial para o processo de "industrialização", o desenvolvimento da "ciência" e o alto grau de "civilização" da sociedade: "a escola é o instrumento para elaborar os intelectuais de diversos níveis. A complexidade da função intelectual nos vários Estados pode ser objetivamente medida pela quantidade das escolas" (Q 12, §1, p. 1.517) e, por isso, deve ser garantida "a todo governado a aprendizagem gratuita da capacidade e da preparação técnica geral necessária" (Q 12, §2, p. 1.547-1.548).

Com alguma diferença em relação à redação que consta na nota correspondente do *Caderno 4*,[41] a base da "escola unitária" que Gramsci estabelece no *Caderno 12* deveria corresponder ao período que abrange os dois graus de "escola primária e média". No primeiro, além de aprender a "ler, escrever, fazer contas, geografia, história, deveria se desenvolver especialmente a parte que hoje é negligenciada dos 'direitos e deveres', ou seja, as primeiras noções do Estado e da sociedade civil". Dedicada a aprofundar os componentes que permitem a compreensão unitária da realidade e a visão de conjunto da sociedade, a segunda etapa "não deveria durar mais do que seis anos, de modo que aos 15-16 anos poderiam se concluir todos os degraus da escola unitária" (p. 1.535). Além disso, preparada por "jardins de infância", onde já se "adquirem noções pré-escolares" (principalmente para crianças que não contam com as vantagens das famílias mais abastadas), a escola unitária deveria ser organizada "como colégio", em regime de internato, "liberta das atuais formas de disciplina hipócrita e mecânica", mas motivada pela livre e consciente responsabilidade e com um sistema de estudo coletivo.

---

[41] Q 4, §50, p. 485: "Tomando como tipo de referência a escola clássica atual: 1) *elementari*, 2) *ginnasio*, 3) *liceo*, 4) *università* com as especializações profissionais, teóricas e práticas se pode dizer que a escola unitária compreenderia os primeiros três graus".

Nesta ótica, Gramsci analisa criticamente também os anos do "liceu", um período de transição indefinida com um ensino que "não se diferencia" da fase anterior. De modo que "entre liceu e universidade" ocorre um salto, não "uma passagem racional da quantidade à qualidade". Assim, do ensino baseado mais na memória "se passa para a fase criativa ou de trabalho autônomo e independente". Ao contrário, Gramsci aponta que a "última fase da escola unitária deve ser concebida e organizada como a fase decisiva na qual se tende a criar os valores fundamentais do 'humanismo', a autodisciplina intelectual e a autonomia moral", de modo a desenvolver as condições necessárias que possam preparar o acesso à etapa ulterior: "seja ela de caráter científico (estudos universitários) seja de caráter imediatamente prático-produtivo (indústria, burocracia, comércio etc.)" (p. 1.536-1.537). Neste sentido, "o estudo e a aprendizagem dos métodos criativos na ciência e na vida devem começar" antes de se chegar à universidade. Por isso, reafirmando os termos utilizados na página 1.534, a escola unitária, principalmente na última fase, "deve já contribuir a desenvolver o elemento da responsabilidade autônoma nos indivíduos, ser uma escola criativa" (p. 1.537), indo além dos métodos da "escola ativa". Esta, na verdade, com seu ativismo pedagógico inspirado no idealismo, não deve ser confundida com a escola criativa, vinculada ao mundo do trabalho, aos problemas concretos e ao enfrentamento das contradições da vida social, o que implica, além do desenvolvimento da maturidade intelectual e a autodeterminação da própria personalidade, a responsabilidade e o envolvimento político do estudante para promover os avanços necessários e responder às interpelações históricas da sociedade. A formação do aluno, de fato, não se reduz ao desenvolvimento das aptidões individuais e às atividades na escola, por modernas que possam ser, mas precisa estar entrelaçada com a vida real, o grande, complexo e contraditório mundo da produção, das relações sociais, da política e da cultura.

Conforme havia já delineado no *Caderno 1*, §123 (p. 114-116), embora reconheça as contribuições da "escola ativa" no combate à "escola mecânica e jesuítica", Gramsci observa que é necessário superar a sua "fase romântica", "colocar limites às ideologias libertárias", exigir "o dever das gerações adultas" e "encontrar nos fins a atingir a fonte natural para elaborar métodos e formas" (Q 12, §1, p. 1.537). Por isso, ao considerar que "a escola criativa é o coroamento da escola ativa" (Q 12, p. 1.537), na elaboração da "escola unitária" incorpora nos horizontes da "escola criativa" os avanços da moderna escola ativa e associa, inseparável e dialeticamente, os elementos "coletivos" com o desenvolvimento da "personalidade autônoma e responsável", a direção e a espontaneidade de modo a formar gente capaz de se "autodirigir" e de criar uma nova civilização:

> na fase criadora, sobre o fundamento amadurecido de 'coletivização' do tipo social, tende-se a expandir a personalidade, tornada autônoma e responsável, mas com uma consciência moral e social sólida e homogênea. Assim, a escola criadora não significa escola de 'inventores e descobridores' [...] Indica que o aprendizado ocorre por um esforço espontâneo e autônomo do discente, e no qual o mestre exerce apenas uma função de guia amigável como ocorre ou deveria ocorrer na Universidade. Descobrir por si mesmo, sem sugestões e ajuda exteriores, uma verdade é criação, ainda que a verdade seja velha, e demonstra a posse do método; indica que de qualquer modo entrou na fase de maturidade intelectual na qual se podem descobrir verdades novas. (Q 12, §1, p. 1.537)

Como já apontamos no capítulo anterior, para uma compreensão mais cabal dos conceitos concentrados no *Caderno 12* é preciso manter a conexão com os outros escritos de Gramsci, principalmente com o bloco unitário dos *Cadernos "especiais" 10-11-12-13*. Em relação à "escola criativa", seu sentido adquire maior clareza quando se leva em consideração a distinção que Gramsci estabelece no *Caderno 11* entre atividade "receptora", "ordenadora" e "criadora" na filosofia, e conclui que

> até a filosofia clássica alemã, a filosofia foi concebida como atividade receptora ou no máximo ordenadora, ou seja, como conhecimento de um mecanismo que funcionava objetivamente fora do homem. A filosofia clássica alemã introduziu o conceito de 'criatividade' do pensamento, mas no sentido idealista e especulativo. (Q 11, §59, p. 1.486)

Só com a filosofia da práxis se chega a entender o "criativo no sentido que ensina como não existe uma 'realidade' fixa, em si mesma, mas em relação histórica com os homens que a modificam" (Q 11, §59, p. 1.486). Esta concepção filosófica, além de sintonizar-se com a proposta da "escola criativa" do *Caderno 12*, volta a ser retomada e aprofundada quando, no *Caderno 13*, Gramsci retrata a ação criadora do "moderno príncipe" na organização da "vontade coletiva" e na "fundação de um novo Estado" (§1, p. 1.556), que deve ter a tarefa de "criar novos e mais elevados tipos de civilização" (§7, p. 1.566), e o "político em ato", que precisa se basear "na realidade efetiva" para "criar um novo equilíbrio das forças realmente existentes e operantes, fundamentando-se sobre uma determinada força que se considera progressiva, potencializando-a" (§16. p. 1.578). Neste sentido, a "escola unitária" não é algo voluntarista ou garantida exclusivamente pela lei, mas um processo abrangente a ser construído coletivamente, não só no âmbito da escola, mas também do trabalho, da ciência, da economia, da cultura e da política. De fato, para Gramsci, não sendo constituído pelo determinismo da natureza, por vontade exterior, pelo destino ou alguma força sobrenatural, o ser humano "cria-se a si mesmo", histórica e socialmente, pelo trabalho, pelo conhecimento e pela ação política, de modo que "cada um transforma a si mesmo, se modifica, na medida em que transforma e modifica todo o conjunto de relações do qual ele é o ponto central" (Q 10, §54, p. 413).

No desenho, portanto, da "escola unitária" não há apenas o propósito de oferecer a todos uma formação sobre uma base comum e desenvolver e unificar as múltiplas componentes do ser humano (materiais, físicas, biológicas, intelectuais, morais, artísticas, afetivas, sociais, políticas), mas também a articulação e a convergência de todos os setores sociais em torno de um projeto orgânico de sociedade nacional-popular que possa propiciar o "progresso intelectual e moral de grandes massas" (p. 1.385). Por isso, as atenções de Gramsci não se limitam aos anos de formação obrigatória, mas se dirigem também à reorganização da Universidade e da Academia, normalmente consideradas independentes entre si e esferas distantes da cultura e da vida do povo. Ao contrário, coerentemente com sua concepção "unitária" de ser humano e de mundo, "na nova situação de relações entre vida e cultura", entre Universidades (de caráter científico e de pesquisa) e Academias (centros nacionais e institutos especializados de caráter prático-produtivo: indústria, banca, burocracia, administração, comércio, agricultura etc.) deverá ocorrer uma estreita interação entre trabalho intelectual e trabalho industrial, entre pesquisa e produção, ciência e técnica, conhecimento avançado e profissões. Deve ser promovida também em nível nacional a ligação "da atividade intelectual, com atividades conectadas com a vida coletiva, com o mundo da produção e do trabalho", com uma multiplicidade de iniciativas também locais que possam "fazer avançar as capacidades individuais da massa popular" (p. 1.539). Em consonância com a sua concepção "orgânica", Gramsci retoma e aprofunda o quanto havia delineado na primeira parte do §1 a respeito da relação inseparável entre "escolas e institutos de alta cultura", porque

> quanto mais extensa for a 'área' escolar e quanto mais numerosos forem os 'graus' 'verticais' da escola, tão mais complexo será o mundo cultural, a civilização, de um determinado Estado [...]. A quantidade não pode estar separada da qualidade. À mais refinada especialização técnico-cultural deve corresponder a maior extensão possível da difusão da instrução primária e maior solicitude para favorecer o maior número dos graus intermediários. (Q 12, §1, p. 1517)

A proposta de "escola unitária" de Gramsci, portanto, se diferencia tanto da escola tradicional, baseada no ideal de cultura de uma época passada, como também dos modelos da escola ativa e profissional, considerados superficiais, pragmáticos e imediatistas. Ultrapassados e empobrecidos, tais modelos não dão conta das transformações que ocorrem no mundo moderno, são incapazes de acompanhar as transformações da realidade e de responder às reivindicações crescentes do protagonismo das massas. Por isso, "o advento da escola unitária significa o início de novas relações entre trabalho intelectual e trabalho industrial não só na escola, mas em toda a vida social" (Q 12, §1, p. 1538). Só desta forma, como havia já delineado no *Caderno 10*, §44, "a unidade entre ciência e vida torna-se uma unidade ativa, na qual se realiza a liberdade de pensamento, uma relação mestre-aluno, filósofo-ambiente cultural no qual operar, do qual extrair os problemas necessários a serem organizados e resolvidos, ou seja, é a relação filosofia-história" (p. 1.332).

Ao propiciar essas condições, a "escola unitária" estará viabilizando com a construção de um projeto "orgânico" de sociedade a maturidade humana, social e política dos estudantes, de modo a terem condições de se articular com o mundo real, com a natureza, com o trabalho científico, industrial, o universo social e político e a exigir que "o princípio unitário venha a se refletir em todos os organismos de cultura, transformando-os e conferindo a eles um novo conteúdo" (Q 12, §1, p. 1.538). Mais uma vez, esta visão indica que, para Gramsci, "o princípio educativo" não se restringe só ao âmbito da fábrica, à esfera do "trabalho" técnico e industrial (Manacorda, 1996), mas abarca em uma concepção unitária o sistema produtivo e o desenvolvimento intelectual e social e está inseparavelmente vinculado à formação política, que prepara os estudantes para se organizar coletivamente, de modo a enfrentar em conjunto os problemas efetivos que surgem na história, criando e dirigindo um novo projeto de sociedade. Em diversas oportunidades, Gramsci deixa claro que o "novo tipo de homem" precisa estar sintonizado com as modernas formas produtivas (Q 22, §3, p. 2.150) e ter condições de saber lidar com a questão da "taylorização do trabalho intelectual" (Q 12, §1, p. 1.533), mas, principalmente, deve estar voltado para a construção de uma "nova civilização", que exige a "fundação de um novo Estado" (Q 13, §1, p. 1.556), por meio da organização de uma "vontade coletiva nacional-popular", capaz de unificar o trabalho material e intelectual, a ciência e a cultura mais avançadas, o que permite aprender a "dirigir" democraticamente a sociedade.

Contrariamente à aparência utópica, a proposta da "escola unitária" de Gramsci, ainda que sua realização não seja simples, apresenta-se revestida do forte realismo que nasce da aderência à história concreta e é coerente com a visão de totalidade, organicidade e integralidade que permeia a sua concepção de mundo. No *Caderno 12*, de fato, há um elo profundo e incindível entre a configuração de "intelectual orgânico", a concepção de "escola unitária" e a "educação integral" que Gramsci articula e desenvolve de forma original.

A educação integral

Na medida em que se avança na análise do texto, parece claro que o *Caderno 12* está estruturado como um sistema de círculos concêntricos interconectados ao longo dos quais questões abordadas nos parágrafos anteriores são ampliadas e aprofundadas em seguida, com um "ritmo de pensamento em movimento" dialético e progressivo. Assim, tal como vimos a crescente construção do conceito de intelectual "orgânico", que da primeira nota se ramifica e complexifica ao longo de todo o caderno, também os temas abordados na segunda parte do §1, relativos à escola e à educação, são retomados e desenvolvidos dentro de outras perspectivas no §2, intitulado *"Observações sobre a escola: para a busca do princípio educativo"*.

Concentrado especificamente sobre questões relativas à crise da escola e da educação diante das transformações históricas e da irrupção das massas no cenário social e político, nesta segunda nota Gramsci se contrapõe à reforma escolar de Giovanni Gentile, evidencia a herança e o ocaso da escola tradicional e se concentra nas diretivas de uma educação correspondente ao protagonismo das massas que pretendem construir uma nova sociedade. Desta forma, neste §2, Gramsci complementa o desenho da "escola unitária", exposto anteriormente, apresentando a concepção de uma "educação integral", baseada no novo princípio educativo que conjuga trabalho com a formação política. Como já vimos, da mesma forma que amplia o conceito de intelectual, Gramsci dilata também os espaços e instrumentos da educação, que vão além dos muros escolares, uma vez que "a 'escola', ou seja, a atividade educativa direta, é apenas uma fração da vida do aluno, que entra em contato seja com a sociedade humana seja com a *societas rerum* e deriva critérios destas fontes 'extraescolares'", conforme havia anotado desde o *Caderno 1* (§123, p. 114). Parte integrante de um conjunto de outras instâncias educativas disseminadas na sociedade e de "instituições relacionadas com a atividade cultural", "a relação pedagógica não pode ser limitada às relações especificamente 'escolares' [...] existe no conjunto de toda a sociedade" (Q 10, §44, p. 1.331).

Por isso, a educação é abordada por Gramsci de forma integral, em conexão dialética com a natureza, o mundo do trabalho, a história, a cultura, a política, a concepção "integral" de Estado e os complexos e entrelaçados problemas da sociedade nacional e internacional.

Partindo desta visão, a primeira parte da segunda nota do *Caderno 12* se concentra na crítica à divisão instaurada na escola tanto pelo fascismo como pela escola tradicional. Logo na abertura, Gramsci deixa clara sua posição diante da questão a ser enfrentada: "a fratura determinada da reforma Gentile entre a escola primária e média de um lado e a superior de outro". Antes desta reforma, implementada pelo fascismo, embora existisse uma divisão entre "escola profissional de um lado e as escolas médias e superiores do outro", Gramsci evidencia que a escola primária visava conjugar "as primeiras noções de ciências naturais e as noções de direitos e deveres do cidadão". Em um país onde grassava analfabetismo e atraso nas camadas populares, esta combinação introduzia a criança na *"societas rerum"* e na vida sociopolítica, difundia uma concepção moderna contra a concepção mágica de mundo e mostrava como as leis da natureza são algo objetivo a ser investigado e conhecido, assim como as leis civis e estatais são "produto de uma atividade humana [...] e que podem mudar em função do seu desenvolvimento coletivo". Quando ocorriam as condições para uma aprendizagem consciente e livre "e não por mera coerção", tais pressupostos fundamentais preparavam o terreno para "o trabalho, que é o modo próprio do homem de participar da vida da natureza para transformá-la e socializá-la cada vez mais profunda e amplamente" (p. 1.540-1.541), conforme vimos na concepção de Hegel e Marx anteriormente. Gramsci considera que "é possível dizer que o princípio educativo que fundamentava as escolas primárias era o conceito de trabalho". De fato, ao entrelaçar inseparavelmente mundo objetivo e subjetivo, natureza e sociedade, "o conceito do equilíbrio entre ordem social e ordem natural sobre o fundamento do trabalho, da atividade teórico-prática do homem, cria os primeiros elementos de uma intuição do mundo [...] e desenvolve uma concepção histórica, dialética, de mundo" (p. 1.541), promovendo um processo capaz de conectar o presente ao passado e ao futuro. No entanto, sem se deixar levar pela aparência, no final da sua análise, Gramsci observa que na prática a proposta contida na escola primária tradicional esbarrou no despreparo do corpo docente, cuja situação precária não pode ser examinada sem "a crítica do grau de consciência civil de toda a nação".

No parágrafo seguinte, Gramsci retoma a polêmica com a pedagogia idealista, mostrando ter sido "um erro grave" desqualificar a "instrução" e introduzir uma formação abstrata e intelectualizada, uma vez que uma educação efetivamente integral não pode estar descolada do conjunto da realidade, da vida concreta dos homens, assim como o conteúdo da forma. Trata-se, na prática, da mesma relação inseparável entre quantidade e qualidade mencionada no §1 do *Caderno 12* (p. 1.517) e explicitada no *Caderno 10*:

> Porque não pode existir quantidade sem qualidade e qualidade sem quantidade (economia sem cultura, atividade prática sem inteligência e vice-versa) toda contraposição dos dois termos é um contrassenso [...] Sustentar a 'qualidade' contra a quantidade significa exatamente isto: manter imutáveis determinadas condições de vida social na qual alguns são pura quantidade, outros qualidade. (§50, p. 1.340-1.341)

Não é possível, de fato, imaginar que o estudante seja "mera passividade, um 'recipiente mecânico' de noções abstratas" e que a sua consciência seja algo exclusivamente "individual", quando se sabe que é parte da sociedade da qual participa. Por isso, uma vez que as crianças carregam na escola relações sociais e culturais diferentes e até antagônicas em relação aos programas escolares, se "não houver unidade entre escola e vida, não há unidade entre instrução e educação" (Q 12, §2, p. 1.542).

Retomando a questão do despreparo do corpo docente com o qual finalizava o parágrafo anterior, Gramsci mostra o quanto é fundamental o "trabalho vivente do mestre", que tem consciência da divisão existente na sociedade e da discrepância entre a vida do aluno e os conteúdos escolares, e aponta que o docente deve ser capaz de promover os nexos com a realidade e "acelerar e disciplinar a formação da criança". Ao dissolver, portanto, a conexão "instrução-educação" e organizar uma escola "baseada em esquemas livrescos", a atividade do mestre torna-se deficitária e a "escola retórica", pois, sem a "corposidade material do certo, o verdadeiro será verdadeiro a palavras, uma mera retórica" (p. 1.542). Tal degradação é mais visível na escola média, na qual o estudante negligencia a "bagagem" de noções concretas e "'se enche a cabeça' de fórmulas e palavras sem sentido, que, geralmente, são logo esquecidas" (p. 1.542). Contra o palavreado e as evasões do idealismo, Gramsci mostra a necessidade da instrução, da assimilação dos conteúdos, do tirocínio, do método, da disciplina e do regime de trabalho no estudo (p. 1.548-1.549), cuidando sempre de dosar a disciplina com uma aprendizagem "ativa e criativa".

Os argumentos a favor da escola unitária e de uma educação integral são ampliados e aprofundados por Gramsci no parágrafo seguinte, dedicado à análise crítica da "reforma Casati".[42] Esta reforma, elaborada em 1859 por Gabrio Casati, ministro

---

[42] No artigo "Homens ou máquinas" (Gramsci, *op. cit.*, p. 670), comenta-se que "as escolas técnicas, instituídas com critérios democráticos pelo ministro Casati, sofreram, em função das necessidades antidemocráticas do orçamento estatal, uma transformação que as desnaturou em grande medida" (p. 75).

da Educação do Reino do Piemonte, foi estendida para o território nacional em 1870 com a unificação da Itália, um país que começava a se organizar como nação em torno de um Estado moderno, a se industrializar e a incorporar no seu sistema parte das massas populares. De caráter liberal, a reforma Casati estabelecia a obrigação da escola primária de cinco anos, instituía a escola normal para a formação de professores e, para quem quisesse seguir para os estudos superiores, dividia a formação em clássica (oito anos) e técnica (sete anos).

Conectada com a herança do mundo clássico, a escola organizada conforme a "velha lei Casati" era "a expressão de um modo tradicional de educação intelectual e moral, de um clima cultural difuso em toda a sociedade italiana por tradição muito antiga". No entanto, superada pelas transformações modernas, esta cultura, ao entrar em agonia, determina a crise da escola. Mesmo assim, Gramsci reconhece que "na velha escola, o estudo das línguas latina e grega, juntamente com o estudo das respectivas literaturas e histórias políticas, era princípio educativo, enquanto o ideal humanístico de Atenas e Roma, difundido em toda a sociedade, era elemento essencial da vida e da cultura nacional" (p. 1.543). Aprendia-se latim e grego não para uma utilidade imediata, mas para "a formação do caráter por intermédio da assimilação de todo o passado cultural da moderna civilização europeia". Tal estudo, continua Gramsci, servia "para habituar os jovens a estudar em um determinado modo [...]; para prepará-los a raciocinar"; para adquirir a lógica formal e construir conceitos e significados; para estudar "o movimento histórico do conjunto linguístico, que se modifica com o tempo" e as diferenças dos termos e seus sentidos entre os autores e ao longo da história; para analisar "um corpo histórico que se recompõe continuamente em vida" (p. 1.545), uma vez que, afinal, "o italiano é latim moderno". Descobre-se, assim, que "toda palavra é um conceito, uma imagem que assume diferentes matizes nas épocas, nas pessoas, em cada língua comparada". E tudo isso é possível quando "o aluno tem percorrido materialmente aquele itinerário [...] mergulhou na história, conquistou uma intuição historicista do mundo e da vida" (p. 1.546). Quando não era inculcado "pedantemente por 'vontade' exterior", tal estudo era "educativo" com um mínimo de intervenção do docente, "educava porque instruía". Neste sentido, "a escola tradicional foi oligárquica porque destinada à nova geração dos grupos dirigentes [...], mas não era oligárquica pelo modo do seu ensino" (p. 1.547). Ainda que não fosse democrática, o caráter humanista da escola tradicional fornecia métodos e conteúdos que preparavam os jovens de uma forma mais ampla e em condições de se autodeterminarem.

Gramsci, no entanto, reconhece que a escola construída sobre esta tradição tem "entrado em crise e com ela o estudo do latim e do grego", gerando, assim, a necessidade de mudança. Nesta passagem não é fácil encontrar "resultados equivalentes de educação e formação geral da personalidade", preservando o estudo "desinteressado", sem objetivos práticos imediatos, instrutivo e formativo, ao mesmo tempo. Ao contrário,

> na escola atual [...] se verifica um processo de progressiva degeneração: as escolas de tipo profissional, preocupadas em satisfazer interesses práticos imediatos, se sobrepõem à escola formativa, imediatamente desinteressada. O aspecto mais paradoxal é que este novo tipo de escola aparece e é exaltada como democrática, quando, pelo contrário, ela é destinada a perpetuar as diferenças sociais. (p. 1.547)

A crítica à reforma Gentile, à escola tradicional e à disseminação das depauperadas escolas profissionais "para o povo" prepara o terreno para Gramsci indicar os elementos que devem constituir o novo princípio educativo capaz de "quebrar a trama" que "eterniza" a estratificação e "as divisões de 'ordens' juridicamente fixadas e cristalizadas" (p. 1.548) e que favorecem a formação privilegiada das classes dominantes, reservando as "escolas profissionalizantes" para as classes subalternas. Com uma primeira formulação que amarra as pontas da narrativa até aqui construída em torno dos intelectuais e da escola, Gramsci afirma que é preciso "criar um tipo único de escola preparatória (primária-média) que leve o jovem até o limiar da escolha profissional, formando-o como pessoa capaz de pensar, de estudar, de dirigir ou controlar quem dirige" (p. 1.547). Trata-se, sem dúvida, de uma proposta que subverte a atuação do intelectual "orgânico" submetido ao comando do "empresário capitalista" delineado no início do *Caderno 12*. Por isso, consciente das dificuldades, Gramsci não esconde os obstáculos a serem vencidos, principalmente, pelas classes trabalhadoras desprovidas do ambiente favorável e dos suportes que possuem as classes dominantes. Escorado na experiência pessoal, Gramsci deixa claro que "é preciso persuadir muita gente que também o estudo é uma profissão, e muito trabalhosa, com um tirocínio especial próprio, além de intelectual, também muscular-nervoso: é um processo de adaptação, é um hábito adquirido com o esforço, o tédio e também o sofrimento" (p. 1.549) e alerta que o acesso de "amplas massas" à escola "carrega a tendência a diminuir a disciplina do estudo, a introduzir 'facilitações'". Por isso, no estudo que para os filhos dos camponeses é pago ao preço de "lágrimas e sangue", "será necessário resistir à tendência de tornar fácil o que não pode sê-lo sob pena de ser desnaturado" (p. 1.550).

O árduo processo que o estudo especializado e a formação para "*pensar e dirigir*" exigem, no entanto, não depende só da vontade e do talento individual. Embora a iniciativa e a disciplina pessoal sejam importantes e se devam respeitar e valorizar as especificidades de cada um, é necessário o suporte da sociedade para garantir a todos as condições básicas. Tal como no §1,

Gramsci aponta a responsabilidade do Estado (p. 1.517 e 1.534) para garantir uma escola "pública, sem divisão de grupos ou castas", aqui, volta a exemplificar, concretamente, que não é suficiente "profissionalizar" e qualificar melhor para o trabalho o operário manual e o camponês, mas que, acima de tudo, é necessário fazer com que

> todo 'cidadão' possa se tornar 'governante' e que a sociedade o coloque, ainda que 'abstratamente', nas condições gerais para que isto possa acontecer; a democracia política tende a fazer coincidir governantes e governados (no sentido do governo com o consenso dos governados), assegurando a cada governado a aprendizagem gratuita da capacidade e da preparação técnica geral necessárias para essa finalidade. (p. 1.547-1.548)

Tal proposta se sintoniza não só com a "relação ativa, de reciprocidade dialética" que Gramsci configura entre "mestre e aluno" (Q 10, §44, p. 1.331), mas também com a concepção radical de democracia, entendida como superação da divisão imutável entre os que pensam e os que executam, entre governantes e governados, dirigentes e dirigidos (Q 8, §191, p. 1.056). Pode parecer paradoxal, mas, para Gramsci, o direito à liberdade e a garantia para que "todo 'cidadão' possa se tornar 'governante'" dependem não só do esforço pessoal, como também das condições que a sociedade e o Estado lhe propiciam.

A posição de Gramsci não poderia ser mais clara. Além da qualificação para o trabalho, a educação "integral" delineada por ele precisa estar fundamentada sobre uma ampla formação intelectual, pública, democrática e política, de modo que "todo cidadão" possa não só se profissionalizar para o trabalho, especializado no seu setor, mas possa também aprender a tornar-se "governante" de si mesmo e da própria sociedade, um prelúdio que prepara a fórmula sintética do "novo intelectual" como "'dirigente' (especialista + político)" que encerra o *Caderno 12*. Não é só aqui que Gramsci apresenta uma concepção tão radical. Por trás desta concepção há, de fato, o solapamento da divisão social que estrutura a sociedade:

> ao formar dirigentes é fundamental a premissa: quer-se que existam sempre governados e governantes ou se querem criar as condições nas quais a necessidade da existência desta divisão desapareça? Ou seja, se parte da premissa da perpétua divisão do gênero humano ou se acredita que esta seja apenas um fato histórico, correspondente a determinadas condições? (Q 15, §4, p. 1.752)

Portanto, ao focalizar apenas o trabalho como princípio educativo, muitas leituras deixam de evidenciar devidamente também a necessária formação da dimensão política, que, na verdade, é a vértebra fundamental de todo o pensamento de Gramsci (Coutinho, 1999, p. 90). De fato, conforme a filosofia e a política desenvolvidas por Gramsci, a autoprodução do ser humano na sua integralidade é dada pelo trabalho material e intelectual, pela construção de uma concepção própria de mundo e pela intervenção politicamente organizada para transformar e dirigir o mundo. Desta forma, em Gramsci, o efetivo significado de intelectual "orgânico" está associado com a realização de uma "educação integral" e a construção de um "Estado integral", uma vez que

> no desenvolvimento de uma classe nacional, junto com o processo da sua formação no terreno econômico, é preciso levar em conta o desenvolvimento simultâneo nas esferas ideológica, jurídica, religiosa, intelectual, filosófica etc.: é preciso dizer até que não há desenvolvimento no terreno econômico, sem estes outros simultâneos desenvolvimentos. (Q 6, §200, p. 839-840)

No último e sucinto §3, Gramsci retoma a questão posta no início do *Caderno 12*, mas, agora, para contrapor ao "intelectual orgânico" subjugado aos interesses do "empresário capitalista", "a criação de um *novo intelectual*" (recorrente quatro vezes na página 1.551), que precisa se formar na base do "novo princípio educativo": a conjugação do trabalho, como "atividade teórico-prática", com o protagonismo político. Assim, nesta nota final, Gramsci torna a desmistificar o intelectual como ser independente e superior, e reafirma a capacidade intelectual de "todos", embora o diferente emprego de elaboração intelectual-cerebral e muscular-nervoso possa gerar "diversos graus de atividade específica intelectual". Conforme anotado também no *Caderno 11*, que "o homem ativo de massa opera praticamente" e "adquire um certo conhecimento do mundo enquanto o transforma" (Q 11, §12, p. 1.385), aqui reafirma que "não há atividade humana da qual se possa excluir alguma intervenção intelectual, não é possível separar o *homo faber* do *homo sapiens*" (Q 12, §3, p. 1.550).

A crítica à reforma escolar de Gentile se sintoniza e se complementa com a desconstrução que Gramsci opera da filosofia do "ato puro" (Q 11, §20, p. 1.420) do idealista fascista, que distorcia a dialética de Hegel e a filosofia de Marx ao desqualificar a realidade objetiva e conferir superioridade à elevada atividade intelectual do sujeito.[43] Gramsci, ao contrário, resgata o processo "impuro" que ocorre no agir de todos os homens que atuam concretamente na história, que trabalham e reproduzem suas vidas nas condições que lhe são dadas, mas que nunca deixam de pensar e refletir enquanto operam na realidade material. Portanto, com mais um lance típico da sua arte literária figurativa, elaborada com imagens vivas extraídas da realidade concreta, Gramsci sustenta que "todo homem, afinal, independentemente da sua profissão, expressa uma qualquer atividade intelectual, ou seja, é

---

[43] Gentile, G. *La filosofia de Marx*. Firenze, Sansoni, 1974, p. 164 e ss. Ver também: Gentile, G. *La riforma della dialettica hegeliana*. Firenze: Sansoni, 1975, p. 39 e ss.

um 'filósofo', um artista, um homem de gosto, participa de uma concepção de mundo, possui uma linha consciente de conduta moral, portanto, contribui a sustentar ou a modificar uma concepção de mundo". Rompendo com a longa tradição elitista e idealista, subverte o modo de entender a formação do intelectual e a educação, uma vez que o problema "consiste em elaborar criticamente a atividade intelectual que existe com um certo grau de desenvolvimento em cada um", em valorizar e equilibrar "a atividade prática geral, que inova constantemente o mundo físico e social, [para que] se torne o fundamento de uma *nova e integral concepção de mundo*" (p. 1.551, grifos meus). Se, portanto, todos operam e pensam de forma inseparável, não é mais possível continuar a crer que o intelectual é só "o tipo tradicional e vulgarizado do literato, do filósofo, do artista" nem dos "jornalistas que se consideram 'verdadeiros' intelectuais" (p. 1.551).

Esta surpreendente autocrítica e a visão inaudita de intelectual e de educação elaborada por Gramsci não são abstrações ou ideias sentimentais. Ao contrário, nascem dos fatos, da história e da sua própria experiência de intelectual, político e educador que não aprendeu só teoricamente a percepção de Lenin da "'valorização' de um *front* cultural ao lado do econômico e político" (Q 10, §7, p. 1.224) na conquista da hegemonia das massas com a preparação politécnica, humanista e política dos operários e camponeses para formar-se como "dirigentes" (Lenin, 1975, p. 113-114; p. 126-129). Além de observar de perto as transformações no campo educacional que ocorriam na URSS, Gramsci, de fato, vivenciou em primeira linha a exitosa experiência de "'*L'Ordine Nuovo*' e os conselhos de fábrica" (Spriano, 1971), vinculada ao mundo do trabalho, "base do novo tipo de intelectual", no qual os operários se educavam reciprocamente; compreendiam e modificavam o mundo, enquanto produziam; se organizavam como protagonistas políticos e se preparavam como dirigentes de "uma nova e integral concepção do mundo". Por isso, como anota no *Caderno 10*: "não é possível pensar na vida e na difusão de uma filosofia que não seja também política atual, estritamente vinculada à atividade preponderante na vida das classes populares, o trabalho, e não se apresente, portanto, entre certos limites, conectada necessariamente à ciência" (Q 10, §41.I, p. 1.295).

Com sua arte literária dialeticamente construída, no §3 Gramsci retoma o ponto central de toda a sua reflexão em torno dos intelectuais, resume o essencial do seu pensamento relativo à educação, mostrando que a função do "novo intelectual" não se restringe à "educação técnica" de profissionais a serviço do sistema, nem consiste mais, como o tradicional, "na eloquência" e nos ímpetos da "emoção". Ao apresentar a interpenetração dialética entre trabalho, técnica, conhecimento científico, filosofia, educação e ação política ativa, partes orgânicas da mesma realidade, aponta para a criação de uma nova época, como havia anotado no *Caderno 6*:

> o grande intelectual deve também mergulhar na vida prática, tornar-se um organizador dos aspectos práticos da cultura, se quiser continuar a dirigir; deve democratizar-se, ser mais atual: o homem do Renascimento não é mais possível no mundo moderno, quando na história participam ativa e diretamente massas humanas cada vez mais enormes. (§10, p. 689)

Assim, com uma síntese antológica que sela as várias formulações a respeito da inseparabilidade do trabalho material e intelectual, da formação técnico-científica e humanista "histórica", da escola e da vida sociopolítica, essenciais para uma "educação integral", Gramsci crava, com um final lapidar, "o modo de ser do novo intelectual", que se forma histórica e socialmente pelo trabalho, ciência e política, e que, portanto, "se imiscui ativamente na vida prática, como construtor, organizador, 'persuasor permanentemente'", expressando com a sua "práxis" o "novo princípio educativo", que "da técnica-trabalho chega à técnica-ciência e à concepção humanista-histórica, sem a qual se permanece 'especialista' e não se chega a ser 'dirigente' (especialista + político)".

4. O EMBATE COM OS PROJETOS EDUCACIONAIS DO FASCISMO E DO LIBERALISMO

A reforma fascista e o idealismo de G. Gentile e B. Croce

Das páginas condensadas no *Caderno 12* emerge evidente que o objetivo principal da reflexão carcerária de Gramsci é elaborar uma proposta de formação do "novo intelectual", de "escola unitária" e de "educação integral", orgânicos à construção de uma nova sociedade pelas classes trabalhadoras e subalternas, de forma a superar o modo de produção e a organização política e cultural do "empresário capitalista" (Q 12, §1, p. 1.513) e de todo sistema elitista e autoritário. Em 1932, quando escreveu este caderno, amordaçado pelo regime fascista, Gramsci tem clara a consciência do preço que está pagando pela posição assumida no embate colossal contra a "revolução passiva" (De Felice, 1979, p. 71 e ss.) deflagrada pelo capitalismo em resposta às mobilizações dos trabalhadores e à irradiação ameaçadora proveniente da Revolução Russa. Neste sentido, o *Caderno 12* reflete o intenso trabalho de crítica e de superação dos projetos educacionais e ideológicos introduzidos pelo liberalismo, o fascismo e o "americanismo e fordismo", expressões diferentes de "revolução passiva" (Voza, 2004, p. 196-200). Diante deste contexto, Gramsci dedica-se a mostrar que a "organicidade" dos intelectuais a serviço destes sistemas e a reforma escolar de Giovanni Gentile, ministro do governo Mussolini, ancorada na concepção hierárquica e seletiva de sociedade são incapazes de dar resposta à crise da sociedade e da escola, tensionadas pela grande novidade em ebulição no mundo moderno: o levante de massas populares na luta pela reivindicação de seu protagonismo no sistema produtivo e político. Na contramão destas aspirações, o filósofo idealista G. Gentile, "o italiano que, nestes últimos anos, mais produziu no campo do pensamento" (Gramsci, 2004, v. 1, p. 144), separando a teoria da prática e os dirigentes dos dirigidos, instaurava a "fratura" entre escola primária-média e escola superior e assegurava a divisão de classe ao reservar a formação superior para uma elite designada para dirigir o país e as escolas profissionais simplificadas para as classes trabalhadoras adestradas para os trabalhos manuais e as demandas da indústria (Fini, 2008, p. 153-160).

Com a sua "teoria do ato puro", Gentile parece se colocar no mesmo terreno da filosofia da práxis ao mostrar que o conhecer é um ato prático, é um fazer concreto. Só que, diante das dificuldades de resolver as contradições e construir a unidade do real, a realização deste ato se resolve especulativamente, na atividade do pensamento, conforme o mais genuíno idealismo. Desta forma, o saber intelectual é criação e o nível mais elevado do conhecimento, reservado a uma elite, diferente da transmissão meramente passiva da instrução. As análises críticas desferidas à reforma Gentile adquirem maior clareza quando se resgata a íntima ligação deste autor com Benedetto Croce, "o maior pensador da Europa" (Gramsci, 1982, p. 13), intelectual de grande referência e considerável influência na formação juvenil de Gramsci (Q 10, §11, p. 1.233 e LC, 17/08/1931, p. 446).

Autor mais citado nas notas dos *Cadernos do cárcere*, Croce figura entre os temas elencados nos planos de trabalho: "História e historiografia" (Q 1, p. 5) e "A posição de B. Croce na cultura italiana até a guerra mundial" (Q 8, p. 835). E, na verdade, além das críticas já presentes no ensaio *A questão meridional*, de 1926, Gramsci dedica grande parte dos extensos *Cadernos 10* e *11* à análise demolidora da obra dele, sem deixar de considerar que Croce

> atraiu energicamente a atenção para a importância dos fatos culturais e do pensamento no desenvolvimento da história, sobre a função dos grandes intelectuais na vida orgânica da sociedade civil e do Estado, sobre o momento da hegemonia e do consenso como forma necessária do bloco histórico concreto. (Q 10, I, §12, p. 1.235)

Um volume tão grande de reflexões denota como o enfrentamento que Gramsci trava com o pensamento filosófico e a função político-cultural deste epígono da intelectualidade da sua época é crucial para entender também os temas abordados no *Caderno 12* e o confronto com a reforma Gentile, ou seja, com o liberalismo e o fascismo. Gramsci, de fato, não apenas deixa claro de "que Croce se proponha a educação das classes dirigentes não tenho dúvidas" (Q 10, §22, p. 1259), mas também que "a filosofia de Croce não pode ser examinada independentemente da de Gentile. Um *Anti-Croce* deve ser também um *Anti-Gentile*" (Q 10, §11, p. 1.234). Neste empreendimento, a ser realizado por "um inteiro grupo de estudiosos dedicados ao longo de dez anos de atividade" (Q 10, §11, p. 1.234), precisaria "verificar se o movimento que vai de Hegel a Croce-Gentile não tenha sido um passo atrás, uma reforma 'reacionária'" (Q 10, §41, p. 1.317). Neste movimento, de fato, Gramsci detecta um projeto de reducionismo realizado em relação ao idealismo alemão e uma domesticação da dialética, introduzida pela "teoria dos distintos" de Croce, que neutralizava o ímpeto da "potência do negativo" da revolução que poderia se alastrar na sociedade pela insurgência das classes populares. Por isso, Gramsci mostra que, por trás da imponência e do fascínio da sua obra, o pensamento de Croce promovia "uma atividade reformista pelo alto que atenue as antíteses e as concilie em uma nova legalidade obtida 'transformisticamente'" (Q 10, §22, p. 1.261; Q 10, §41, p. 1.325).

Sem desconsiderar as diferenças que os caracterizam, Gramsci observa que os dois maiores filósofos neoidealistas italianos estão imbricados, uma vez que "a filosofia crociana é a matriz do 'atualismo' gentiliano" (Q 10, §7, p. 1.223). Desde o *Caderno 1*, Gramsci considera que a "díade Croce-Gentile" constitui "um grande centro de vida intelectual nacional" (Q 1, §15, p. 13) e que, juntamente com o papa, Croce e Gentile "representam a sociedade contemporânea italiana do ponto de vista teórico e moral" (Q 10, §41, p. 1.306). Mas, embora Croce tenha se tornado "realmente uma espécie de papa leigo",[44] o seu pensamento "não pode se tornar popular" (Q 10, §41, p. 1.307) porque permanece na esfera da aristocracia intelectual. Entende-se, portanto, porque além de ter caracterizado Croce como "último homem da Renascença" (Q 7, §17, p. 867) e mostrar a "impotência da filosofia idealista em se tornar uma integral (e nacional) concepção de mundo" (Q 10, §41, p. 1.294), no §1 do *Caderno 12*, Gramsci o associa a Gentile e afirma que

> é possível conectar toda a filosofia idealista com a posição assumida pelos intelectuais tradicionais [...] Croce, especialmente, se sente fortemente vinculado a Aristóteles e a Platão, mas ele não esconde, pelo contrário, de estar ligado aos senadores Agnelli e Benni e nisso precisa buscar o caráter mais relevante da filosofia de Croce. (p. 1.515)

---

[44] Na carta a Tânia, de 07/09/1931, Gramsci havia já considerado que "Benedetto Croce, por exemplo, é uma espécie de papa leigo e é um instrumento muito eficaz de hegemonia" (p. 459).

Gramsci, portanto, desvela que da mesma forma que por trás de toda proposta pedagógica há uma determinada concepção de mundo e um projeto político, também o liberalismo e a filosofia idealista, apresentados como concepções livres de amarras ideológicas, desempenhavam uma função clara na sociedade: "Croce acredita fazer 'ciência pura', pura 'história', 'filosofia' pura, mas, na realidade, faz 'ideologia', oferece instrumentos práticos de ação a determinados grupos políticos" (Q 6, §112, p. 782). De fato, observa Gramsci, é aparente o distanciamento de Croce, que com "seu pensamento sereno e imparcial se coloca acima de todas as misérias e contingências da luta cotidiana", querendo mostrar que a sua tarefa é "uma desinteressada contemplação do eterno devir da história humana" (Q 10, §41. p. 1.327). Uma das manifestações mais claras da posição de Croce como "líder intelectual das correntes revisionistas do final do século XIX" (Q 10, §2, p. 1.213) aflora no discurso proferido no Congresso Internacional de Filosofia de Oxford, cujo teor revelava um manifesto político de "uma união internacional dos grandes intelectuais de cada nação, especialmente da Europa", que poderia dar vida a "um partido importante" (Q 6, §10, p. 690-691). Tal convicção é referida também em uma carta, escrita no mesmo período em que redige o *Caderno 12*, em que Gramsci afirma que o trabalho de Croce "nestes últimos 20 anos tem se direcionado para completar a sua atividade teórica de revisionista até torná-la liquidação [...] de toda filosofia da práxis" (LC, 02/05/1932, p. 570). A pretexto de combater o positivismo e o materialismo, de fato, o neoidealismo italiano editava um intelectualismo abstrato ao fazer do "sujeito ativo" a base do conhecimento e menosprezar as práticas políticas concretas e as ciências experimentais, de modo que "as correntes filosóficas idealistas (Croce e Gentile) têm determinado um primeiro processo de isolamento dos cientistas (ciências naturais ou exatas) do mundo da cultura" (Q 14, §38, p. 1.694).

A crítica de Gramsci a Croce, portanto, se torna mais áspera pelo fato de que "Croce possui a consciência nítida de que todos os movimentos do pensamento moderno conduzem a uma revalorização triunfal da filosofia da práxis, ou seja, à virada da posição tradicional dos problemas filosóficos e à dissolução da filosofia entendida no modo tradicional" (Q 10, §59, p. 1.355). No entanto, Croce e Gentile incursionaram nos escritos de Marx e assimilaram elementos da filosofia da práxis apenas para "rejuvenescer" o próprio pensamento e injetar um revigorante à hegemonia em crise da classe dominante, amputando a antítese, os aspectos mais radicais e "perigosos" da nova concepção de mundo que potencializavam as lutas das classes subjugadas. Nesta típica manobra de "revolução passiva ou revolução restauração" (Q 8, §25, p. 957 e Q 10, §6, p. 1.220), Gramsci percebe uma operação semelhante à deturpação da dialética hegeliana operada por Proudhon e desmascarada por Marx em *Miséria da filosofia*. A historiografia de Croce, para Gramsci, "é um hegelismo degenerado e mutilado, porque a sua preocupação fundamental é um temor pânico dos movimentos jacobinos, de toda intervenção ativa das grandes massas populares como fator de progresso histórico" (Q 10, §6, p. 1.220). Croce, de fato, "reduz a filosofia da práxis a um cânon prático de interpretação histórica" e a um "economicismo", da mesma forma que os neoidealistas Gentile e Giuseppe Lombardo Radice transformavam o conceito inovador de trabalho introduzido pelo marxismo em "atividade", de modo a encobrir as contradições inerentes ao processo de produção e a esvaziar os conflitos de "classe" e o protagonismo dos trabalhadores. Gramsci desvenda também a posição contraditória de Gentile e Croce em relação ao ensino religioso nas escolas primárias e médias. Mostra que a visão "'pedagógico-religiosa' de Gentile não é mais do que uma derivação do conceito de que a 'religião é boa para o povo' (povo=criança=fase primitiva do pensamento ao qual corresponde a religião etc.), quer dizer, a renúncia (tendenciosa) a educar o povo" (Q 11, §1, p. 1.367). E questiona também Croce, que "deveria explicar porque a concepção de mundo da liberdade não possa se tornar elemento pedagógico no ensino das escolas primárias, e como ele mesmo, quando ministro, tenha introduzido nas escolas primárias o ensino da religião confessional" (Q 10, §10, p. 1.231-1.232). Tais atitudes, sintonizadas com a pedagogia paternalista da Igreja e a tradição intelectual italiana imbuída de superioridade em relação aos "humildes" que querem "manter sempre crianças" (Q 9, §135, p. 1.197), são combatidas por Gramsci, que, ao contrário, aponta que no contato com o mundo dos "simples" se "encontra a fonte dos problemas a serem estudados e resolvidos [...] e a filosofia se torna 'histórica', se depura dos elementos intelectualistas de natureza individual e se faz 'vida'" (Q 11, §12, p. 1.382).

Tanto nas cartas como nos *Cadernos do cárcere*, Gramsci não tem dúvidas de que a produção histórica de Croce pode ser considerada "um renascimento da historiografia da Restauração adaptada à necessidade e aos interesses do período atual" (Q 10, §6, p. 1.219-1.220). Nos escritos dele, de fato, encontra-se um "historicismo de moderados e de reformistas", uma ideologia política na qual os intelectuais "'manipulam' especulativamente no seu cérebro dosando os elementos 'arbitrariamente'" (Q 10, §6, p. 1.222). Gramsci mostra, realmente, como o historicismo de Croce com o "eterno" proceder das suas etapas é especulativo e teleológico, portanto, religioso, contrariamente às suas aparências "laicas". Pondo a sua "inteligência excepcional" a serviço do liberalismo ameaçado pela crise e os levantes das massas populares, Croce torna-se não só teórico e portador da "revolução passiva", mas explana também o caminho para o fascismo (Martelli, 2001, p. 85 e ss.). Ao analisar *Storia d'Europa* e *Storia d'Italia* de Croce, que iniciam as narrativas a partir, respectivamente, de

1815 e de 1871, Gramsci desvela concretamente o trabalho de revisionismo, a depuração dos elementos revolucionários e do embate das forças em jogo, uma vez que enfatiza "placidamente como história o momento da expansão cultural ou ético-político" e concentra suas atenções sobre o "aspecto 'passivo' da grande revolução que se iniciou na França em 1789 [...], a corrosão 'reformista' que durou até 1870".[45] Esta leitura tendenciosa da história praticada por Croce com seu "morfinismo político" (Q 15, §62, p. 1.827) e a mutilação da antítese do processo dialético (Q 10, §6, p. 1.220-1.222) leva Gramsci a se perguntar se tinha sido realizada para justificar a "restauração-revolução", o reformismo que preserva e fortalece sempre a tese, de modo que

> conseguiu assim salvar a posição política e econômica das velhas classes feudais, evitar a reforma agrária e especialmente evitar que as classes populares passassem pelo período de experiências políticas que se verificaram na França nos anos do jacobinismo, em 1831, em 1848. Mas, nas condições atuais, o movimento correspondente ao do liberalismo moderado e conservador não seria mais precisamente o movimento fascista? Talvez não seja sem significado o fato que nos

---

[45] Cf. a reflexão correspondente na carta do cárcere de 09/05/1932: "a concepção e a composição da *Storia d'Europa*. É possível pensar uma história unitária da Europa que se inicie a partir de 1815, quer dizer, da Restauração? Se uma história da Europa pode ser escrita como formação de um bloco histórico, esta não pode excluir a Revolução Francesa e as guerras napoleônicas, que do bloco histórico europeu são a premissa 'econômico-jurídica', o momento da força e da luta. Croce assume o momento seguinte, quando as forças desencadeadas anteriormente se equilibraram, passaram por uma 'catarse' por assim dizer, faz deste momento um fato a parte e constrói o seu paradigma histórico. Fizera a mesma coisa com a *Storia d'Italia*: começando a partir de 1870 ela omitia o momento da luta, o momento econômico, para tornar-se apologética do momento puro ético-político, como se este tivesse caído do céu. Croce, naturalmente, com todos os cuidados e as espertezas da linguagem crítica moderna fez nascer uma nova forma de história retórica; a forma atual desta é claramente a História especulativa" (LC, 09/05/1932, p. 573-574). Para Croce teórico da revolução passiva. cf. Tosel, A. *Marx en italiques. Aux origines de la philosophie italienne contemporaine. Mouvezin:* Trans-Europe-Repress, 1991, p. 129 e ss.

primeiros anos do seu desenvolvimento o fascismo afirmasse de reatar-se à tradição da velha direita ou direita histórica. Esta poderia ser uma das tantas manifestações paradoxais da história (uma astúcia da natureza, usando uma terminologia de Vico), por meio da qual Croce, motivado por determinadas preocupações, chegasse a contribuir a um fortalecimento do fascismo, fornecendo-lhe indiretamente uma justificação. (Q 10, §9, p. 1.228-1.229)

Pode parecer uma interpretação atrevida, mas Gramsci havia já posto esta questão no *Caderno 8*: "um novo 'liberalismo', nas condições modernas, afinal, não seria precisamente o 'fascismo'?" (Q 8, §236, p. 1.088-1.089). E, ainda antes das anotações dos *Cadernos do cárcere*, registrava que "para os comunistas o regime fascista é a expressão do período mais avançado do desenvolvimento da sociedade capitalista".[46] Na verdade, como é possível constatar até nossos dias, o fascismo encontra terreno fértil na "fonte da debilidade do liberalismo: a burocracia, ou seja, a cristalização do pessoal dirigente, que exerce o poder coercitivo e que, num determinado ponto, se transforma em casta" (Q 6, §81, p. 752).

Em contraposição ao lastro do fascismo pavimentado por Croce e Gentile com a historiografia, a filosofia e a concepção de educação conduzidas pelos intelectuais iluminados frente às massas ignaras e dominadas pelas paixões ideológicas (Q 10, §59, p. 1.355), Gramsci, com a elaboração do "novo intelectual orgânico" formado na "escola unitária" com uma "educação integral" que conecta e desenvolve todas as faculdades intelectuais e práticas, trabalho e política, desmonta radicalmente não só a superioridade do "intelectual iluminado", mas também a pretensão de qualquer político que se apresente como "*duce*" e "mito" investido

---

[46] Gramsci, A. "I contadini e la ditatura del proletariato (*Noterelle per il 'Mondo'*)", 1926. *In*: Gramsci, A. *La costruzione del partito comunista*. A cura di Elsa Fubini. Torino: Einaudi, 1978, p. 326.

da "missão" de conduzir a nação a seus "altos destinos" com a "força" do Estado e a lei divina. Contrariamente a esta visão, ao recriar o conceito de Estado, de autoridade, de intelectual e de governante que têm a tarefa de promover a socialização do poder e tornar "dirigente" todo cidadão, Gramsci solapa também a concepção de poder derivada do alto e todas as formas de autoritarismo que forjam demagogicamente o consenso, arrebanham seguidores e subjugam as massas com a manipulação e a intimidação. Neste sentido, a concepção inaudita de escola voltada a formar "cidadãos" como "dirigentes" e "autogovernantes" no processo histórico produtivo e político desconstrói o elitismo do liberalismo e se opõe frontalmente ao fascismo, alvos que combate na sua obra carcerária e supera com os horizontes delineados no *Caderno 12*.

A crítica e a superação da escola "nova" e "ativa"

A proposta inaudita do "novo tipo de intelectual" e da "escola unitária" condensada no *Caderno 12*, com base no novo princípio educativo de uma "educação integral" voltada a formar a todo cidadão como "dirigente", subverte não apenas toda concepção dualista de escola e a reforma seletiva e massificadora do fascismo, mas desvela também os limites da pedagogia nova que nos anos 1920 e 1930 se propagava na Europa e nos Estados Unidos. Embora com breves incursões, o *Caderno 12* introduz preciosas considerações críticas a respeito da "escola nova" e da "escola ativa" (Q 12, §1, p. 1.537), que, quando interligadas com outros escritos de Gramsci, são suficientes para perceber a sua posição diante das novidades pedagógicas em voga na sua época.[47]

---

[47] No *Caderno 12*, Gramsci fala mais de "escola ativa", enquanto nas notas dos *Cadernos* menciona só duas vezes a "escola nova" (Ferrière, fundador do movimento escolanovista) (Q 4, §77, p. 516 e Q 9, §119, p. 1.183).

Conectado sempre com a história, Gramsci observa como os Moderados, que lideraram o *Risorgimento* na Itália, conseguiram atrair a simpatia dos críticos da educação monopolizada pela Igreja e conquistaram a hegemonia entre os intelectuais com suas "atividades escolares de caráter liberal", que conferiam à escola autonomia e liberdade, introduzindo "o princípio pedagógico do ensino recíproco (Confalonieri, Capponi etc.); movimento de Ferrante Aporti [...] oposto à escola 'jesuítica'" (Q 19, §27, p. 2.047). Diversamente da velha escola tradicional, a educação "ativa" se orientava a desenvolver a espontaneidade, o espírito de iniciativa e as potencialidades do sujeito para se adequar às mudanças tecnológicas, científicas e à configuração de uma sociedade industrial produtiva e competitiva. Voltadas a atenuar os conflitos de classe e sem questionar as estruturas da ordem vigente, as novidades introduzidas pela "escola ativa" sinalizavam um clima de mudança, de progresso e de possibilidades também para as aspirações das classes populares.

Atento a essas "novas" experiências educativas desde os anos juvenis, como vimos em alguns escritos pré-carcerários, Gramsci carrega na prisão questões que articula com uma visão de conjunto mais amadurecida. Dois meses depois de ter dado início às anotações no primeiro *Caderno*, em 1929, escrevendo a Tânia, Gramsci revela que:

> permaneço dividido entre as duas concepções de mundo e de educação: ser rousseauniano e deixar agir a natureza que nunca se engana e é fundamentalmente boa ou tornar-me voluntarista e forçar a natureza inserindo na evolução a mão hábil do homem e o princípio de autoridade. Até agora a hesitação não se resolveu e na mente as duas ideologias se digladiam. (LC, 22/04/29, p. 252)

Mas no final do mesmo ano, na carta de 30/12/1929 enviada à sua mulher Julia, ao abordar aspectos da evolução do filho Delio, Gramsci afirma que "o homem é toda uma formação histórica" e que "deixar às forças espontâneas da natureza" a educação da criança comporta adotar uma "concepção metafísica, que pressupõe que na criança exista em germe todo o homem que deve ser ajudado no desenvolvimento do que já possui latente" (LC, 30/12/1929, p. 301). Na história,

> conceber a educação como um desenrolar de um fio preexistente teve sua importância quando se contrapunha à escola jesuítica, ou seja, quando negava uma filosofia ainda pior, mas, hoje está igualmente superada. Renunciar a formar a criança significa apenas permitir que a sua personalidade se desenvolva assimilando caoticamente do ambiente geral todos os motivos de vida. (LC, 30/12/1929, p. 302)

A convicção de que não se deve deixar a criança ao acaso do ambiente aparece em diversas cartas, assim como a preocupação com a educação dos seus filhos.[48] Mas esta posição de Gramsci se manifesta, particularmente, na carta de 25 de agosto de 1930, em relação à educação de sua sobrinha Edmea. Nesta missiva, sugerindo uma sábia dosagem entre disciplina e espontaneidade, entre rigor e afeto, Gramsci apresenta-se muito crítico diante das atitudes permissivas e frívolas adotadas pelos seus familiares em relação à Edmea:

> Se vocês renunciarem a intervir e guiá-la, usando da autoridade que deriva do afeto e da convivência familiar, exercendo pressão sobre ela, de forma afetuosa e amorosa, e, todavia, exigente e inflexivelmente firme, sem dúvida, vai acontecer que a formação espiritual de Mea será o resultado mecânico da influência causal de todos os estímulos desse ambiente. (LC, 25/08/1930, p. 351)

Nunca desprovida do afeto e de trato amoroso, para Gramsci, a firmeza da autoridade torna-se instrumento pedagógico neces-

---

[48] Carta a Julia 14/12/1931: "Desejaria ser informado sistematicamente sobre o quadro científico no qual se desenvolve a escola ou as escolas frequentadas por Giuliano e Delio para poder compreender e avaliar os escassos acenos que às vezes você me dá. A questão escolar me interessa muitíssimo". Cf. também LC, 09/04/1928; 14/01/1929; 14/07/1930; 20/03/1931.

sário para construir um caráter sólido nos jovens que precisam adquirir "determinados hábitos de ordem, de disciplina, de trabalho" (LC, 25/08/1930, p. 351).[49]

As datas das cartas são, praticamente, contemporâneas ao período em que escreve no *Caderno 1* a nota 123: "*Buscar a origem histórica exata* de alguns princípios da pedagogia moderna: a escola ativa, ou seja, a colaboração amigável entre mestre e aluno; a escola ao ar livre; a necessidade de deixar livre, sob o vigilante e não opressivo controle do mestre, o desenvolvimento das faculdades espontâneas do aluno" (p. 114). Contendo considerações muito parecidas com o conteúdo da carta de 30 de dezembro de 1929, esta nota de redação única (texto B) prossegue reconhecendo a contribuição da "tradição genebrina de Rousseau" à pedagogia moderna, mas evidencia "a forma confusa desta filosofia" e as "involuções (nas doutrinas de Gentile e de Lombardo-Radice)" que foram se gerando: "a 'espontaneidade' é uma destas involuções: imagina-se que na criança o cérebro seja como um novelo que o mestre ajuda a desenrolar" (p. 114). Com reflexos evidentes que se projetam no *Caderno 12* (p. 1.542), a nota deste *Caderno 1* termina afirmando que a "escola" (posta entre aspas),

> ou seja, a atividade educativa direta, é apenas uma fração da vida do aluno, que entra em contato com a sociedade humana e com a *societas rerum* e se forma critérios destas fontes 'extraescolares' muito mais importantes de quanto se acredita em geral. A *escola única* (itálico meu), intelectual e manual, possui também esta vantagem, uma vez que coloca contemporaneamente a criança em contato com a história humana e com a história das 'coisas' sob o controle do mestre. (p. 114)

---

[49] A recomendação de "não deixar as crianças fora da escola abandonadas a si mesmas" é reafirmada na carta de 17/11/1930, assim como o dever que os adultos têm de fazer adquirir hábitos de disciplina e trabalho, "sem reprimir a espontaneidade", na carta de 04/05/1931, também enviada à sua irmã Teresina.

No mesmo ano em que recolhe notas no *Caderno 1*, em uma carta escrita do cárcere à sua mulher Júlia, Gramsci, sentindo falta da "complexidade molecular da vida real" e até da dificuldade cognitiva derivada da ausência do contato direto com os fatos e interlocutores concretos, observa que

> os livros, as revistas oferecem só ideias gerais, esboços de correntes gerais da vida do mundo (mais ou menos bem sucedidos), mas não podem dar a impressão imediata, direta, viva da vida de Pedro, de Paulo, de João, da singularidade de pessoas reais, sem entender as quais não se pode também compreender o que é universalizado e generalizado. (LC, 19/11/1928, p. 222)

Dois anos depois, quando se apresta a redigir o *Caderno 12*, na nota §119 de redação única (texto B) do *Caderno 9*, intitulada *"Quistioni scolastiche"*, Gramsci comenta uma matéria publicada em 13/09/1931 pela Revista *"Il Marzocco"*, que apresenta o trabalho de Carleton Washburne (*New schools in the old world*), pedagogo americano, realizado em 12 países da Europa a respeito das "novas escolas progressistas, inspiradas no princípio da autonomia do aluno e na satisfação das suas necessidades intelectuais" (p. 1.183). Nesta nota do *Caderno 9*, Gramsci evidencia a aplicação do "sistema Dalton (que Ferrando [autor do artigo] define 'um desenvolvimento do método Montessori')" na escola média feminina de Streatham Hill. Mencionado apenas no *Caderno 12* (p. 1.537) e na carta a Júlia de 01 de agosto de 1932, "o sistema Dalton" é considerado por Gramsci como "uma extensão para as escolas médias do método de estudo utilizado nas universidades italianas que deixam ao estudante toda a liberdade para o estudo" e, desta forma, apresenta um "grande defeito", pois, leva os estudantes a empurrar para o último período suas tarefas (Q 9, §119, p. 1184). Entre as diversas escolas enumeradas, Gramsci chama a atenção sobre a experiência da *Public School* de Oundle, na Inglaterra, que "ao lado dos cursos teóricos das matérias clássicas, tem instituído cursos manuais e práticos" e, embora não haja nenhuma relação orgânica entre os dois cursos, obriga os estudantes a "escolher uma oficina mecânica ou um laboratório científico para aprender a aplicar suas cognições e desenvolver suas capacidades práticas". Estas experiências de "escola nova" oferecem a Gramsci a oportunidade para "definir exatamente o conceito de escola unitária na qual o trabalho e a teoria estão estreitamente entrelaçados", ao contrário da junção mecânica das duas atividades, que se tornam um "esnobismo", como é o caso de "grandes intelectuais que se distraem como torneiros, marceneiros, encadernadores de livros etc." A conclusão de Gramsci não poderia ser mais solar para compreender uma das artérias principais do *Caderno 12*: "muitas destas escolas modernas não têm nada a ver com a questão de criar um tipo de escola que eduque as classes instrumentais e subordinadas a um papel *dirigente* na sociedade, em conjunto e não como indivíduos isolados" (p. 1.185, grifo meu).

Embora necessárias, argumenta Gramsci, a espontaneidade e a liberdade do aluno não são suficientes. Centrada na criança e na promoção dos talentos individuais, as escolas ativas ou "novas" e "progressistas" invertem o polo das atenções que antes gravitavam em torno do professor. Esta "revolução copernicana", partindo do indivíduo como sujeito ativo, dotado de singularidade e vontade própria, promove uma formação adaptada às suas aptidões. Mas ao privilegiar os "interesses" do aluno e promover subjetividades voltadas essencialmente para si, tal método desconsidera a incidência do contexto social e cultural, secundariza as relações com os outros, a visão de conjunto, a consciência crítica dos problemas sociais e a responsabilidade na transformação da sociedade. Para Gramsci, portanto, além de valorizar as particularidades, a espontaneidade e as habilidades individuais, a escola deveria preparar para se conectar com o mundo real, a entender como funciona o sistema do trabalho e seu metabolismo com a natureza, a analisar as contradições da *"societas hominum"* e a complexidade da *"societas rerum"*, de modo a responder às interpelações da história e às efetivas necessidades da sociedade. Por isso, sem colocar o "mestre" na posição central ou superior, ao longo do *Caderno 12* Gramsci sustenta a necessidade do desempenho da sua função conduzida de forma dialética em um processo educacional capaz de articular uma relação criativa entre o indivíduo, os outros, o meio e a organização econômica, política e cultural da sociedade. É o que se constata também na carta de 07 de dezembro de 1931, quando solicita a Tânia que lhe escreva "sobre os novos métodos de educação" em relação às crianças:

> um perigo que se coloca de imediato é o de criar uma artificial orientação profissional. Mesmo os métodos mais fascinantes se tornam inúteis quando falta o pessoal capaz de vivificá-los a todo momento da vida escolar e extraescolar e você sabe que justamente os melhores tipos de escola fracassaram por causa das deficiências dos professores. (LC, 07/12/1931, p. 504)

Convencido de que a formação da própria personalidade comporta o desenvolvimento de todas as componentes do ser humano e ocorre de forma dialética nas condições dadas pelo processo histórico concreto, Gramsci se contrapõe não só à "ruptura" instaurada pela reforma escolar do fascismo, mas desvela também as contradições do liberalismo que, ao alimentar a competição e o individualismo, explana o caminho para a divisão de classe e os sistemas autoritários. Com uma percepção espantosamente atual, em 1919, no artigo "O Estado e o socialismo", Gramsci escrevia que: "Na dialética das ideias, a anarquia continua o liberalismo, não o socialismo; na dialética da história, a anarquia é expulsa do campo da realidade juntamente com o liberalismo" (1987, p. 114-120), como de fato ocorreu com o advento do fascismo. Por isso, entrelaçando orgânica e dialeticamente espontaneidade e disciplina, liberdade e necessidade, indivíduo e sociedade, intelectual e massa (Q 11, §67, p. 1.505), no importante §48 do *Caderno 3* (texto B), dedicado à "espontaneidade e direção consciente", Gramsci argumenta que "não existe na história a 'pura' espontaneidade", visto "que em todo movimento "espontâneo" opere um elemento básico de direção consciente, de disciplina, é demonstrado indiretamente pelo fato de que existem correntes e grupos que sustentam a espontaneidade como método" (p. 329). Contrariamente ao senso comum, de fato, o próprio "liberismo [liberalismo econômico] é uma "regulamentação" de caráter estatal, introduzida e mantida com instrumentos legislativos e coercitivos: é um fato de vontade consciente dos seus objetivos e não a expressão espontânea e automática do fato econômico" (Q 13, §18, p. 1590). Segue o mesmo raciocínio quando analisa "o caráter 'abstrato' da concepção soreliana do 'mito'" da "espontaneidade" da vontade coletiva, que chega a se formar por contraposição e ruptura ("*scissione*") e que opera como elemento destrutivo das "relações morais e jurídicas" existentes, mas é incapaz de construir um projeto alternativo que demanda organização, direção e criação (Q 13, §1, p. 1.557). Foi neste sentido que operou o movimento dos operários de Turim, no qual "o elemento de 'espontaneidade' não foi descuidado nem desprezado: foi educado, direcionado" para evitar que se tornasse "arbitrário, aventureiro e artificial", foi transformado em elemento de força e unificação que "dava à massa uma consciência 'teórica', de criadora de valores históricos e institucionais, de fundadora de Estados. Esta unidade da 'espontaneidade' e 'direção consciente', ou seja, da 'disciplina', é exatamente a ação política de massa e não simples aventura de grupos que a exploram" (Q 3, §48, p. 330). O final desta preciosíssima nota termina com um alerta de uma atualidade espantosa, frente ao que ocorre nos nossos dias:

descuidar e pior desprezar os movimentos assim chamados 'espontâneos', quer dizer, renunciar a dar uma direção consciente, a elevá-los a um patamar superior inserindo-os na política, pode gerar muitas vezes consequências muito sérias e graves [...] entre as causas dos golpes de Estado é de colocar a renúncia dos grupos responsáveis em dar uma direção consciente aos movimentos espontâneos, tornando-os, portanto, políticos. (p. 331)

Podemos entender melhor porque, no *Caderno 12*, é recorrente a recomendação de cuidar da disciplina educativa e "criativa", não para formar indivíduos autoritários, mecânicos e titânicos, mas como processo sabiamente utilizado para forjar personalidades conscientes, livres e socialmente responsáveis, capazes de assumir compromissos individuais e sociais sem imposição exterior (Q 12, §1, p. 1.537). Como vimos no capítulo anterior, a disciplina não deve ser considerada como um valor em si, mas torna-se uma exigência necessária e um instrumento para alcançar "a autodisciplina intelectual e a autonomia moral", um instrumento ainda mais oportuno para as grandes massas que ingressam na escola para evitar o relaxamento e a superficialidade no estudo que os manteria em condições de subalternidade (Q 12, §2, p. 1.550). Devido à sua importância e na contracorrente dos movimentos escolanovistas, Gramsci volta a aprofundar a questão da disciplina em outras oportunidades, mostrando também que é "um elemento necessário de ordem democrática, de liberdade" quando "a origem do poder" é democrática. Se, portanto, entende-se "com essa palavra uma relação contínua e permanente entre governantes e governados que realiza uma vontade coletiva" e não um "passivo e submisso recebimento de ordens", a disciplina não anula a personalidade, mas "apenas limita o arbítrio e a impulsividade irresponsável, para não falar da fátua vaidade de emergir" (Q 14, §48, p. 1.706-1.707). Para Gramsci, não tendo fim em si mesmo, o rigor pedagógico deve ser "absorvido e dissolvido no ciclo inteiro do curso escolar"

(Q 12, §2, p. 1.548) e ser orientado para fazer emergir não só a liberdade e a autodeterminação, mas a capacidade de criação e de socialização dos estudantes. Esta mesma lógica se encontra quando Gramsci trata da "passagem do reino da necessidade para o reino da liberdade" (Q 4, §40, p. 465-466) e está subjacente ao tema do desaparecimento progressivo dos elementos coercitivos do Estado, que deve ser absorvido na "sociedade regulada" (Q 6, §88, p. 764).

Para Gramsci, portanto, tal como a modernização não significa necessariamente a criação de uma civilização mais elevada, a escola ativa, ainda que apresente aspectos novos e atrativos, não chega a propiciar a formação integral que ocorre quando se estabelece a inseparabilidade de trabalho intelectual e manual, a conexão de "ciência e vida" e se estabelecem as condições para superar as divisões e desigualdades sociais. Por isso, é necessário superar a "fase romântica" da escola ativa (Q 12, §1, p. 1.537) e criar condições de "participação realmente ativa do aluno na escola, que só pode ocorrer se a escola está vinculada à vida" (Q 12, §2, p. 1.543). Neste sentido, diversamente da "escola-laboratório", a "escola unitária" visa integrar as diversas componentes do processo educativo não só para formar personalidades "atualizadas" e eficientes para o funcionamento do sistema, mas para promover "o início de novas relações entre trabalho intelectual e trabalho industrial na escola e em toda a vida social" (Q 12, §1, p. 1.538). Gramsci se expressa nesses termos com base na "escola de trabalho" dos conselhos de fábrica, espaço concreto de autoconsciência coletiva e de autogoverno, no qual se aprendiam não apenas técnicas para movimentar as máquinas e produzir eficientemente objetos, mas, principalmente, para se orientar nos "elementos caóticos" do ambiente e se organizar coletivamente para dominar o mundo da produção, criar um novo Estado e dirigir a sociedade (Gramsci, 2004, v. 1, p. 364). Por isso, para

Gramsci, a unidade entre teoria e prática não é um fato puramente técnico e uma atividade encerrada no espaço escolar, mas é um aprendizado social e político que comporta a transformação do educando de indivíduo abstrato e isolado para ser humano poliédrico, unitário, forjado nas vicissitudes da história concreta, socializado nas atividades teórico-práticas do trabalho, das relações sociais e dos embates políticos, de modo a superar a condição de "cidadão" inserido eficientemente no sistema e tornar-se "'dirigente' (especialista + político)".

Contrariamente à concepção liberal da escola ativa, que enaltece a centralidade do indivíduo, a absolutização da liberdade e o trabalho como "profissão" para o sucesso e a renda, Gramsci, em consonância com a filosofia da práxis, sustenta que, além da individualidade, espontaneidade e liberdade, nós somos o resultado também do tipo de atividade e das relações históricas, sociais e políticas que desenvolvemos: um conjunto unitário de faculdades que se desenvolvem para além das atividades especificamente "escolares":

> Portanto, é possível dizer que a personalidade histórica de um filósofo individual é também dada pela relação ativa entre ele e o ambiente cultural que ele quer modificar, ambiente que reage sobre o filósofo e, obrigando-o a uma permanente autocrítica, funciona como 'mestre' [...] e na realidade só assim se realiza 'historicamente' um novo tipo de filósofo que se pode chamar de 'filósofo democrático', isto é, do filósofo consciente de que a sua personalidade não se limita à sua personalidade física, mas é uma relação social ativa de modificação do ambiente cultural [...] a unidade entre ciência e vida é precisamente uma unidade ativa, somente nela se realizando a liberdade de pensamento; é uma relação entre mestre-aluno, filósofo-ambiente cultural no qual agir, de onde extrair os problemas necessários a serem enfrentados e resolvidos; quer dizer, é a relação filosofia-história. (Q 10, §44, p. 1.331-1.332)

Salta aos olhos como o desenho deste "novo tipo de filósofo", de "filósofo democrático", se sintoniza coerente e profundamente com o "novo tipo de intelectual" retratado no *Caderno 12*. Nesta inaudita concepção de filosofia, aparece ainda mais nítida a enorme diferença em relação à configuração do intelectual e da educação elaborada pelo idealismo, pelo fascismo e o liberalismo da escola ativa e nova. De fato, como evidenciam os próprios hifens postos por Gramsci na construção desta nova linguagem, há uma interligação inseparável entre indivíduo-ambiente cultural--ciência-vida-mestre-aluno-filosofia-história que opera dialeticamente no movimento que constitui a realidade e a vida humana.

A ancoragem na realidade histórica concreta e nas contradições que permeiam as relações sociais leva Gramsci a superar também os horizontes traçados por J. J. Rousseau não só em relação à proposta de educação autônoma, abstrata e naturalista retratada no *Emílio*, mas também em relação à "vontade geral" espontânea do *Contrato Social* (Rousseau, 1994, p. 38 e ss.). Por isso, Gramsci a reformula como "vontade coletiva nacional-popular", como resultado de uma construção política conquistada pelos trabalhadores e os subalternos nas lutas históricas concretas e permanentemente organizadas para superar a divisão de classe e criar uma nova civilização na base de uma efetiva democracia, que socializa não apenas o poder político, mas também o econômico e cultural (Q 8, §191, p. 1.056).

Entre as diversas correntes de pensamento filosófico e político-pedagógico com as quais se defronta (idealismo, liberalismo, fascismo, anarquismo), Gramsci não podia ignorar o pragmatismo americano, cuja ramificação prosperava também na Itália (Q 10, II, §44, p. 1.330). Da mesma forma que o neoidealismo de Gentile e Croce, também o pragmatismo havia assimilado elementos do marxismo e depurado seus aspectos mais substanciais (Q 16, §9, p. 1.856). No entanto, diversamente do "gladiadorismo cômico" da filosofia idealista que "modifica só o vocabulário, não as coisas", a aderência à "realidade objetiva" e os resultados práticos que o pragmatismo promovia conseguiam realizar efetivamente "a fórmula de Gentile sobre a 'filosofia que não se enuncia através de fórmulas, mas se afirma na ação'" (Q 22, §5, p. 2.152).

O reconhecimento da capacidade de perceber "as exigências reais" e de promover uma "ação real" que caracterizam o pragmatismo não impede a Gramsci de desvendar os limites e as contradições da concepção filosófica e pedagógica embutida nesta corrente de pensamento (Q 17, §22, p. 1.925) e na "educação progressiva" formulada por John Dewey (Q 4, §76, p. 516), um dos epígonos do pragmatismo americano. Embora inovador nos métodos em relação ao intelectualismo abstrato da "velha" Europa e imbuído da crença de que por meio da escola poderiam ser atenuadas as desigualdades criadas pelo capitalismo, o projeto educativo de Dewey não compromete a ordem existente, não enfrenta as contradições e os conflitos gerados pela divisão de classe e a concentração do poder econômico. Voltado a formar cidadãos cooperativos na "sociedade em miniatura" da "escola laboratório", na prática, visa preparar estudantes competentes, conforme a ciência moderna e as exigências do mundo industrial (Dewey, 2002, p. 94 e ss.), de modo a participar com "*natural sociability*" (Dewey, 1976, p. 15) na consolidação da grande comunidade da democracia americana (Dewey, 2000, p. 110), um sistema a ser harmonizado e "reajustado", nunca questionado em seus princípios e menos ainda recriado sobre novas bases (Dewey, 1997, p. 125). Desta forma, a sua proposta "melhorista" torna-se funcional ao projeto "orgânico" de produção e sociabilidade do "americanismo", no qual ocorria "uma formação maciça sobre a base industrial de todas as superestruturas modernas" (Q 12, §1, p. 1.527). Não é improvável que no retrato do moderno "empresário capitalista" traçado na abertura do *Caderno 12*, Gramsci tenha se inspirado em H. Ford, cercado de intelectuais "orgânicos" para disseminar a sua concepção de mundo e preparar trabalhadores disciplinados e "cidadãos responsáveis", imbuídos da moralidade protestante, controlados até na vida privada e na própria sexualidade, para obter os melhores resultados na produção. Um indício nesta direção resulta da carta de 25 de março de 1929, em que entre os três assuntos do plano de estudo que Gramsci pretende desenvolver consta "O americanismo e o fordismo", e comenta que "de Ford tenho os dois volumes publicados em francês: 'A minha vida', 'Hoje e amanhã' e alguns volumes de Sigfried e Lucien Romier" sobre a situação dos Estados Unidos no quadro mundial (p. 248).[50]

Ainda que se reconheçam as contribuições da "educação progressiva" de Dewey para a ciência pedagógica, não resta dúvida de que "a reconstrução ou a reorganização da experiência" na interação ativa com o ambiente (Dewey, 1976, p. 87) e a proposta de seu liberalismo "humanizado" visam assegurar o constante reequilíbrio do sistema para melhor se integrar nele. A "escola unitária" de Gramsci, contrariamente ao "reformismo democrático" da pedagogia "progressista", oferece uma educação integral para todos, baseada não só no conhecimento mais avançado e na formação para a autodeterminação, mas também na construção de uma nova subjetivação pela socialização do trabalho e o protagonismo político de modo a vencer a subordinação das classes subalternas, romper com o sistema de dominação e criar uma nova civilização. De fato, embora Gramsci considere a indústria de ponta promovida pelo "americanismo e fordismo", deixa claro "que não se trate de um novo tipo de civilização [...] percebe-se

---

[50] Na mesma carta Gramsci deixa um registro muito significativo a respeito das suas leituras sobre o pragmatismo americano ao escrever que "o melhor manual de Psicologia é o de William James".

do fato que nada mudou no caráter e nas relações dos grupos fundamentais" (Q 22, §11, p. 2.180).

Estas posições não permitem confundir a filosofia prática e "instrumental" de Dewey com filosofia da "práxis" de Gramsci, cuja concepção tem pouco a ver com os conceitos de "experiência" e de "interação" de Dewey (Semeraro, 2008, p. 119-130). Se a primeira está pensada para promover a harmonização entre as classes, de modo a obter um melhor funcionamento do sistema, a segunda visa superar a ordem existente, socializar o poder e construir o protagonismo das classes populares. Partindo da "escola do trabalho" dos conselhos de fábrica de Turim, que "dá aos operários a responsabilidade direta da produção, cria a psicologia do produtor, do criador de história" (Gramsci, 1987, p. 238), Gramsci vislumbra na fábrica "o território nacional do autogoverno operário" (Spriano, 1971, p. 46), um ensaio de "democracia operária" para a construção de um novo Estado e de uma nova sociedade (ON, 1987, p. 87-91). Portanto, ao desenvolver a capacidade de ser "dirigente" na produção e na política, Gramsci coloca a "questão fundamental da hegemonia" dos trabalhadores, ausente no "americanismo" (Q 22, §2, p. 2.146), a estrutura de cujo Estado "permanece plutocrática e torna-se impossível romper os elos com o grande capital financeiro" (Q 22, §14, p. 2.176).

5. O NOVO PRINCÍPIO EDUCATIVO: "TORNAR-SE 'DIRIGENTE' (ESPECIALISTA + POLÍTICO)"

A "utopia" revolucionária de Gramsci

No *Caderno 12*, ao delinear os aspectos de uma escola unitária pública que articule trabalho material e intelectual com visão global de mundo e atuação política, uma educação integral que desenvolva todas as componentes do ser humano e propicie a formação de "um novo tipo de intelectual", orgânico às classes subalternas para que possam se autodeterminar, recriar e dirigir democraticamente a própria sociedade, Gramsci lança as bases de uma revolução na educação e na cultura. Diversamente dos projetos educacionais que visam treinar e domesticar, modernizar e adaptar cidadãos ao sistema, a surpreendente concepção pedagógica de Gramsci opera uma mudança profunda na história da educação e aponta para horizontes nunca imaginados. O desvelamento do intelectual, vinculado aos interesses de classe e a um determinado projeto de sociedade, rompe com a ideia arraigada no senso comum da sua neutralidade e superioridade. A afirmação inaudita de que "todos são intelectuais" e que a consciência, o trabalho e o conhecimento coletivos são inseparáveis da ação política subvertem os lugares excludentes da criação, do saber e do poder. A configuração da escola que se contrapõe a todo sistema de castas e que organiza uma educação nas determinações históricas concretas para tornar cada um "'dirigente' (especialista + político)", carrega a explosiva "utopia" que aponta para a formação de pessoas livres e criativas, em condições de se autorregular e de construir uma sociedade autogovernada coletiva e democraticamente.

Assim, da mesma forma que a filosofia da práxis "abre um caminho completamente novo, ou seja, renova de cima a baixo o modo de conceber a própria filosofia" (Q 11, §27, p. 1.436), também, em relação à educação e à escola e, consequentemente, ao papel do intelectual, Gramsci explana um terreno sem precedentes na história. Na prática, a concepção elaborada por Gramsci, ao combater todo tipo de monopólio e dualismo na cultura e na educação, mina a estrutural divisão de classe instalada na sociedade e se sintoniza com a sua inovadora concepção de política que rompe radicalmente com a ideia de poder enraizado na atávica relação governante-governado, dirigente-dirigido, comando-obediência. Formar a todos como "dirigentes" nas atividades da produção material e da reprodução sociocultural, de fato, implica desativar os dispositivos que engendram as desigualdades e a manutenção do sistema econômico dominante, uma vez que "não pode existir igualdade política sem igualdade econômica" (Q 6, §11, p. 93); educa o intelectual a tornar-se um "filósofo democrático", em permanente relação dialética com a realidade (Q 10, §44, p. 1.331-1.332); qualifica o político a "se identificar com o povo" (Q 13, §1, p. 1.556) e a promover uma soberana "vontade coletiva nacional-popular" criadora de "novos Estados e de uma nova civilização" (Q 13, §1, p. 1.556-1.560).

Sem rebaixar ou simplificar as exigências do trabalho intelectual e a necessidade de se especializar com a ciência e as técnicas mais avançadas, o caminho "completamente novo" aberto por Gramsci visa construir "um bloco intelectual-moral que torne politicamente possível um progresso intelectual de massa e não apenas de reduzidos grupos" (Q 11, §12, p. 1.385), convencido de que "para construir história duradoura não bastam os 'melhores', são necessárias as mais amplas e numerosas energias nacionais-populares" (Q 9, §96, p. 1.160). Por isso, ao contrário das práticas educativas que querem "manter os 'simples' na filosofia primitiva do senso comum", a escola unitária que universaliza a formação de "dirigentes" preconizada por Gramsci recusa tutelas e toda sorte de subordinação, neutraliza os mecanismos que geram seguidores de "mitos messiânicos" (Q 17, §37, p. 1.940), rebanho de pastores, executivos de uma engrenagem piramidal e robôs de senhores das mentiras e das guerras. Ao contrário, o que Gramsci propõe é a formação de personalidades livres, criativas, socializadas e soberanas, em condições não apenas de se especializar no trabalho técnico-científico, mas, de se autodeterminar e adquirir uma visão consistente do conjunto da realidade que prepare para "imiscuir-se ativamente na vida prática, como construtor, organizador, 'persuasor permanente'" (Q 12, §3, p. 1.551), quer dizer, como educador politicamente compromissado com as organizações populares que lutam para se tornarem "dirigentes" em uma sociedade efetivamente democrática. É inequívoco, de fato, o significado que Gramsci confere à democracia:

> *Hegemonia e democracia.* Entre os tantos significados de democracia, me parece que o mais realista e concreto possa ser extraído na conexão com o conceito de hegemonia. No sistema hegemônico, existe democracia entre o grupo dirigente e os grupos dirigidos, na medida em que [o desenvolvimento da economia e portanto] a legislação [que expressa este desenvolvimento] favorece a passagem [molecular] dos grupos dirigidos ao grupo dirigente. (Q 8, §191, p. 1.056)

"Dirigente", esta palavra-chave (e os termos conjugados "dirigir", "direção") que, desde a primeira até a última página, impregna todo o *Caderno 12*, revela claramente qual é o objetivo que Gramsci aponta com as suas propostas educacionais, políticas e culturais. Engendrado em torno da qualificação de "dirigente", o novo princípio educativo se conecta com o conceito de "hegemonia", cujo significado nos escritos de Gramsci é frequentemente associado ao termo "dirigente" (Q 19, §24, p. 2.010-2.012 e p. 2.029) e traduzido como "direção" (Q 1, §44, p. 41) que uma classe assume na sociedade com base no amplo consenso ativo obtido pelo magnetismo do projeto sociopolítico apresentado, pela qualificação de seus integrantes e a capacidade que demonstram em expandir todas as energias nacionais. Ao afirmar que "a relação pedagógica não pode ficar limitada às relações especificamente 'escolares' [...] que esta relação existe no conjunto de toda a sociedade [...] e que toda relação de 'hegemonia' é necessariamente uma relação pedagógica" que envolve não só as relações intersubjetivas, mas também as forças que operam no interior de uma nação e no "inteiro campo internacional e mundial" (Q 10, §44, p. 1.331), Gramsci introduz a dimensão eminentemente política na base do novo princípio educativo. A educação, portanto, não pode ser mais entendida fora do âmbito da política e da hegemonia e vice-versa.

Um projeto dessas proporções não é só inaudito, mas é tão grandioso e radical que se choca frontalmente com o sistema dominante. O princípio educativo introduzido por Gramsci, na verdade, é "novo" não apenas pelo fato de preconizar uma formação "omnilateral" e atualizada até as fronteiras mais avançadas da ciência e da técnica, componentes que o próprio capital exige de seus intelectuais e trabalhadores mais estratégicos. Gramsci deixa claro que, por mais avançado e tecnicamente sofisticado que venha a ser um modelo social, como a sociedade industrial americana, ao deixar inalterada a estrutura de classe e a concentração de poder, não passa de uma "revolução passiva" (Q 22, §2,

p. 2.145-2.146). Ao contrário, a novidade revolucionária voltada a formar todos como "dirigentes", especializados no trabalho e protagonistas políticos ao mesmo tempo, visa tornar os cidadãos "orgânicos" a um projeto nacional-popular capaz de criar uma civilização que subverte o modelo centralizador do "empresário capitalista" e as estruturas da sociedade de classe, arraigada na privatização do poder econômico, cultural e político. Neste sentido, o projeto educacional de Gramsci não pode ser confundido com a concepção convencional de "cidadania" que visa "inserir" a população no sistema, nos aparelhos de controle da classe dominante e reduz os indivíduos a eleitores eventuais e a meros espectadores e consumidores. Também, não se identifica com as formas de um comunitarismo solidarista que não enfrenta os mecanismos da desigualdade e as contradições sociais, nem pode ser associado à nenhuma ideologia do "integralismo", ampla e duramente combatido por Gramsci como projeto reacionário para preservar a ordem imutável da hierarquia social (Q 14, §52, p. 1.711-1.712).

A concepção de Gramsci subverte por completo a ordem imposta pelo capitalismo e seus derivados. Não surpreende, portanto, se as perspectivas abertas por Gramsci têm gerado reações violentas e atitudes que procuram desqualificá-las sumariamente, classificando-as como utopia sonhadora, impossível de se realizar ou como projeto restrito ao âmbito de um partido marginal na sociedade. Foi esta a posição de B. Croce que, ao deparar-se com a publicação dos escritos carcerários, depois da tentativa falida de atrair Gramsci para o próprio campo ideológico declarando que "como homem de pensamento ele foi um dos nossos" (Croce, 1947, p. 86-88), chegou a escrever que a "operação" desencadeada por P. Togliatti (secretário do PCI) tentava fazer de Gramsci o autor de uma "revolução intelectual" quando,[51] na prática, não passava de um "fundador na Itália de um partido político, ofício que nada tem a ver com a busca desapaixonada da verdade" (Croce, 1950, p. 231). Além de mutilar o pensamento de Gramsci e desqualificar a "política prática" frente à superior atividade do pensamento puro, a premonição atemorizada de Croce acertou no alvo, como demonstra o êxito dos escritos de Gramsci que, desde então, não param de revolucionar o pensamento e de crescer no mundo inteiro. A manobra de Croce não era única nem nova. Ainda em 1918, no artigo "Utopia", Gramsci desmascarava os argumentos da imprensa burguesa dedicada a criticar a Revolução Russa como utópica e ilusória e mostrava que o grande evento soviético era produto concreto da liberdade, da coragem, da inteligência e da organização de todo um povo, que provava como "toda a história dos homens é luta e trabalho para suscitar instituições sociais que garantem o máximo de liberdade" (1984, p. 204-212). Posição semelhante encontra-se também em algumas notas dos *Cadernos do cárcere*, nas quais Gramsci argumenta que as "utopias" foram "as precursoras históricas dos jacobinos e da Revolução Francesa" (Q 25, §5, p. 2.292) e que na análise da história e da atuação política é preciso "ir além do próprio nariz", sem limitar-se a ver apenas "o que é", mas, procurando perceber "o que pode vir a ser" (Q 11, §54, p. 1.343), uma vez que da "realidade efetiva" fazem parte também as potencialidades em fermento na história e as possibilidades que podem desabrochar pela atração dos horizontes "utópicos" que nos movem para frente.

Conforme procuramos mostrar nestas páginas, as propostas que Gramsci apresenta no *Caderno 12* não são pensadas para quando haverá uma sociedade sem classes, mas representam

---

[51] Cf. Liguori, G. "Togliatti: l'interprete e il traduttore". *In*: G. Liguori. *Sentieri gramsciani*. Roma: Carocci, 2006, p. 130-131.

uma enorme carga de reflexões fecundas e constituem critérios concretos a serem considerados nas atividades culturais e nas lutas empreendidas pelas classes subjugadas em diversas esferas. Neste sentido, o *Caderno 12* não pode ser reduzido à "plataforma educacional do PC a ser implementada caso os comunistas conquistassem o Estado" (Nosella, 1992, p. 109). Nos *Cadernos do cárcere* Gramsci deixa claro que os subalternos podem conquistar a hegemonia nos espaços da sociedade civil e "dirigir" antes mesmo de se tornarem dominantes e assumirem o comando na sociedade política (Q 1, §44, p. 41). Gramsci, de fato, não fica esperando a aparição messiânica do novo mundo para lançar mão da educação integral e do novo tipo de intelectual, mas potencializa a fermentação desse projeto "utópico" no contraditório processo de construção de uma nova civilização que, entre avanços e derrotas, pulsa na história das inúmeras lutas populares: "A educação, a cultura, a ampla organização do saber e da experiência significam a independência das massas contra o despotismo dos intelectuais de profissão e contra as competências por direito divino. E esta tarefa não pode ser adiada para amanhã, para quando formos politicamente livres. Ela mesma é liberdade, estímulo para a ação e condição da ação".[52] Em consonância com este artigo, pode-se entender porque, no *Caderno 12*, explica que a "filosofia idealista" de Croce e Gentile ("intelectuais de profissão"), associada com o "direito divino" do "papa e da alta hierarquia da Igreja" fazem parte do "conjunto social dos intelectuais tradicionais", expressão de uma "utopia social" que se adorna de autonomia e superioridade, mas que na prática está atrelada à política reacionária dos "senadores

---

[52] Gramsci, A., "Antes de tudo, precisamos ser livres". *In*: *Il Grido del Popolo*, 31/08/1918 (Cf. *Il Nostro Marx 1918-1919*, a cura di S. Caprioglio, Einaudi, 1984, p. 274-276).

Agnelli e Benni" (p. 1.515). Ao combater, portanto, todas as formas de manutenção do *status quo* e criticar também o materialismo mecanicista que se alastrava em setores do marxismo, Gramsci resgata a dialética inseparável dos elementos objetivos e subjetivos, da razão e da paixão, da teoria e da prática e afirma "o papel criador da práxis humana na história" que no complexo processo das "relações de força" se estabelece em elemento constitutivo de ser social (Coutinho, 2011, p. 107).

Longe de qualquer utopismo romântico e evasivo, a proposta condensada no *Caderno 12* é tanto mais realista e revolucionária enquanto não emana de devaneios, mas se origina de experiências concretas realizadas na história e vivenciadas na própria trajetória de vida de Gramsci, exemplo nítido de "intelectual orgânico" e de educador "integral" construído na práxis política. Sem perder as raízes da sua cultura e a educação de origem (LC, 26/03/1927), Gramsci forja sua personalidade no trabalho intelectual, no estudo permanente e na militância política como "dirigente" de um projeto "nacional-popular" conectado com a história de seu país e com as dimensões mundiais. Especializado como jornalista, envolvido com as questões cruciais do seu tempo, leitor incansável, escritor rigoroso e cuidadoso, com prodigiosa produção em muitas áreas de conhecimento, Gramsci é um pensador, um político e um educador de primeira linha à frente de um partido com ramificação nacional e internacional.

Com estas credenciais, como vimos, Gramsci combate o pedantismo e o enciclopedismo, a fragmentação do saber e a superficialidade, o imediatismo e todo modismo voltado "a difamar a teoria e a suscitar falastrões ("*faciloni*") superficiais, que acreditam ter em mãos todo o conhecimento da história porque conseguem se pavonear com fórmulas de frases feitas e banalidades" (Q 8, §214, p. 1.072). Contrariamente a toda concepção elitista e utilitarista e aos paliativos das "universidades populares" promovidas pela "beneficência da burguesia", defende uma escola capaz de desenvolver "a potência fundamental de pensar e a capacidade de dirigir-se na vida" (Q 12, §1, p. 1.530-1.531) e valoriza o conhecimento acumulado na história, os avanços científicos e técnicos, a construção de um saber poliédrico e integral, capaz de abranger dialeticamente política, história, filosofia, educação, economia, cultura, arte, natureza, religião, sempre em contato vivo com a realidade que pulsa no mundo popular e nas lutas dos subalternos dedicados a conquistar a sua liberdade e a se educar na arte do autogoverno. Gramsci, portanto, não apenas estabelece uma relação interdisciplinar e transversal, mas, elabora uma concepção orgânica da realidade, com o método da "filologia vivente", pelo qual o conhecimento "molecular", as particularidades, a multiplicidade e as contradições adquiram seu significado mais profundo na conexão com o todo e na construção de um projeto nacional democraticamente dirigido pelas classes trabalhadoras. Esta concepção marca uma diferença profunda em relação aos "intelectuais cosmopolitas", desenraizados, burocratizados, gestores e executivos impolíticos a serviço do mercado e de uma oligarquia que impõe o totalitarismo do capital e o pensamento padronizado por uma casta de mercenários que transmitem as ordens de um "desenvolvimento internacional que envia à periferia as suas correntes ideológicas" (Q 1, §150, 132-133). Ao retratar o clima político que dominava na Europa depois da I Guerra Mundial, a decadência da sociedade liberal e a configuração do seu Estado, em um texto B do *Caderno 3*, Gramsci anotava que "não pode haver formação de dirigentes quando falta atividade teórica" e compromisso político com um projeto nacional-popular de nação. A supressão destas componentes leva à

> escassez de homens de Estado, de governo, miséria da vida parlamentar, facilidade de desagregar os partidos, corrompendo e absor-

vendo os poucos homens indispensáveis. Portanto, miséria da vida cultural e mesquinharia da alta cultura: no lugar da história política, a erudição sem vida, no lugar da religião a superstição, no lugar dos livros e das grandes revistas, o jornal cotidiano e o libelo. As intrigas, no lugar da política séria. As universidades, todas as instituições que elaboravam as capacidades intelectuais e técnicas, não permeadas pela vida dos partidos, do realismo vivente da vida nacional, formavam quadros nacionais apolíticos, com formação mental puramente retórica, não nacional. A Burocracia, desta forma, se afastava do país e, pelas posições administrativas, tornava-se um verdadeiro partido político, o pior de todos, porque a hierarquia burocrática substituía a hierarquia intelectual e política: a burocracia torna-se, portanto, o partido estatal-bonapartista. (p. 387-388)

De incrível atualidade, este retrato mostra como a "miséria" das instituições liberais mata a criação cultural, esteriliza a democracia e pavimenta o terreno para a instauração do fascismo.

Criar uma nova civilização

Alvo principal da produção carcerária e das propostas educacionais condensadas no *Caderno 12*, o fascismo, para Gramsci, não era só uma reação apavorada da burguesia tomada pelo "temor pânico" diante do avanço do movimento operário e da irradiação da Revolução Russa, mas uma operação de reestruturação do capital que, nos momentos cruciais de crise orgânica e de impasse político das forças sociais em disputa que geram um "equilíbrio catastrófico" (Q 13, §27, p. 1.619), recorre à intervenção violenta do Estado, acolhe "uma parte das exigências de baixo" (Q 10, §41, p. 1.325) e se ajusta às novas circunstâncias. Por isso, à semelhança da restauração bonapartista na França e dos processos de "transformismo" que ocorreram no *Risorgimento* italiano e no "americanismo e fordismo", Gramsci caracteriza o fascismo como "revolução passiva" (Q 8, §236, p. 1.089), a modalidade mais utilizada pelas classes dominantes depois da Revolução Francesa (De Felice, 1979; Voza, 2004). É o que indica um artigo de 1926, atribuído a Gramsci, no qual se reconhece que, na Itália, embora houvesse considerável mobilização do proletariado, "em 1919-1920, faltou um partido revolucionário bem organizado e determinado para a luta", uma debilidade que favoreceu o nascimento da "força do fascismo italiano que tomou o poder [...] com uma certa semelhança com os métodos e os sistemas descritos por Karl Marx em *O 18 Brumário de Luís Bonaparte*, quer dizer com a tática geral da burguesia em perigo".[53] Valendo-se de métodos que amortizam "rupturas clamorosas" (Q 10, §60, p. 1.358), com modulações variadas, esta é a típica solução da ordem burguesa para a manutenção da dominação e "para impossibilitar a chegada ao poder das classes trabalhadoras" (Togliatti, 1967, p. 90). Como a caracteriza no *Caderno 10*,

> a revolução passiva consistiria no fato de que, por intermédio da intervenção legislativa do Estado e através da organização corporativa, na estrutura econômica do país seriam introduzidas modificações mais ou menos profundas para acentuar o elemento 'plano de produção', ou seja, viria a ser acentuada a socialização e cooperação da produção, sem com isso tocar (ou limitando-se apenas a regular e controlar) a apropriação individual e de grupo do lucro. (§9, p. 1.228)

Em contraposição à "revolução passiva" ou "revolução-restauração" (Q 8, §25, p. 957) desencadeada pelo capitalismo monopolista nas primeiras décadas do século XX, Gramsci dedica-se a elaborar critérios para reorganizar as forças das classes trabalhadoras e subalternizadas na "guerra de posição", estratégia de luta mais decisiva na política moderna, que "demanda enormes sacrifícios às massas", uma "concentração inaudita da hegemonia" e "qualidades excepcionais de paciência e de espíri-

---

[53] Gramsci, A. *Il fronte único "Mondo"-"Tribuna", III, "Russia, Italia e altri paesi"*. In: Gramsci, A. *La costruzione del partito comunista (1923-1926)*. Torino: Einaudi, 1974, p. 343.

to inventivo" (Q 6, §138, p. 802). Portanto, é necessário situar o *Caderno 12* neste quadro geral para entender inteiramente as suas propostas de educação e de cultura voltadas a preparar o terreno da formação de uma "vontade coletiva nacional-popular" que, para ser efetiva e tornar-se "dirigente", precisa construir a "hegemonia ético-política na sociedade civil e tornar-se dominante no Estado" (Q 13, §18, p. 1.590), conforme o conceito "integral" de Estado, entendido não só como aparato de coerção militar-político-jurídica, mas também como conjunto de aparelhos "privados" de hegemonia (Q 6, §137, p. 801).

Neste sentido, a visão unitária e integral elaborada por Gramsci no *Caderno 12* não visa apenas promover a liberdade, o espírito de iniciativa dos indivíduos e o desenvolvimento industrial, científico e tecnológico do país, mas aponta, principalmente, para a criação de um projeto orgânico de "reforma intelectual e moral" das massas populares, de modo que possam se organizar politicamente, assumir a soberania e combater o abismo de desigualdades desencadeadas pelo liberalismo e a concentração do poder político e econômico propiciado pelos regimes autoritários. Gramsci, de fato, desmascara a "liberdade" dos liberais direcionada a formatar cidadãos funcionais ao sistema, subverte o autocratismo do "empresário capitalista" que cria seus intelectuais como "capital humano" e se contrapõe à repressão e à massificação do fascismo e à "estadolatria" dos sistemas totalitários. Acima de tudo, mostra que o enfrentamento dos sistemas siameses do liberalismo e do fascismo, germinados do ventre do capitalismo, exigem uma educação integral e a atuação política organizada das massas populares para firmar a própria hegemonia e criar uma nova civilização. Na construção deste inédito empreendimento coletivo, sem ilusões nem descontos, Gramsci é enfático em relação às exigências do estudo e à responsabilidade das classes populares que não devem medir "lágrimas e sangue" para conquistar a sua formação, dentro e fora da escola, não só para obter o diploma e garantir o emprego, mas, principalmente para se tornar "intelectuais políticos qualificados, dirigentes, organizadores de todas as atividades e funções inerentes ao orgânico desenvolvimento de uma sociedade integral, civil e política" (Q 12, §1, p. 1.522). Este objetivo, que não cansamos de citar neste livro, aparece claro desde as notas do primeiro *Caderno miscelâneo*, no qual Gramsci afirma a necessidade para as classes subalternas de formar uma massa crescente de intelectuais capazes de desempenhar "funções organizativas em sentido amplo, seja no campo da produção, seja no campo da cultura, seja no campo administrativo-político" (Q 1, §43, p. 37), um prenúncio da fórmula sintética do novo princípio educativo que encerra o *Caderno 12* com a inseparabilidade de trabalho especializado + a constituição de sujeitos políticos.

Hoje, os horizontes deste projeto tornam as propostas educacionais de Gramsci mais do que nunca atuais diante de um neoliberalismo radicalizado que gera novas versões de fascismo como solução para a crescente crise estrutural e anula progressivamente a essência constitutiva do ser humano: a liberdade, a autodeterminação, a realização no trabalho criador e socializado, os direitos fundamentais e a soberania cultural e política. Na verdade, diversamente da "revolução passiva" desencadeada pelo fascismo italiano e pelo "americanismo e fordismo", que incorporaram, de forma subordinada, as massas populares ao Estado, que instauraram uma "restauração progressiva" (Q 10, §41, p. 1.325) e chegaram a implementar a "organização de uma economia programática" (Q 22, §1, p. 2.139) e diferente, também, da "modernização conservadora" propiciada por alguns regimes autoritários implantados no Brasil no século passado, é preciso considerar que atualmente está em curso uma "restauração regressiva", a ofensiva de uma "contrarrevolução passiva", radicalizada por um capitalismo enlouquecido que leva aos extremos a devastação do planeta, a exploração da força de trabalho, a falsificação da realidade e a destruição dos laços sociais, que se entrincheira atrás dos muros de um nacionalismo chauvinista, reedita modelos feudais e novas formas de colonialismo e recorre a todo tipo de armas para se proteger das crescentes "hordas dos bárbaros" desencadeadas pelas reivindicações populares. De modo que, enquanto o fascismo do século passado mobilizava as massas em torno de projetos coletivos e o fordismo disciplinava a vida familiar e social em torno da efervescência industrial, o modelo atual de dominação se concentra em promover o isolamento dos indivíduos na multidão e a desagregação e se dedica com mais sofisticação a manipular as emoções, o imaginário e o inconsciente coletivo. Com a "revolução digital", a disseminação da microeletrônica, da robótica, da inteligência artificial e do trabalho *on line*, passamos do "operário-massa" ao "operário-avulso", entregue a si mesmo, e da política partidária às mobilizações efêmeras nas ondas virtuais. Monopolizados pelas grandes corporações e pelos países centrais, os novos instrumentos tecnológicos geram cada vez mais desemprego e informalidade e minam o trabalho como fundamento da sociedade e a participação das massas na sua organização (Antunes, 2008, p. 47-52). O resultado desta estratégia, que se estende cada vez mais também na educação e na gestão das escolas, gera um efeito devastador não só na vida pessoal e familiar do trabalhador tornado flutuante e descartável, mas também na atividade política e na formação de um país como nação. Gramsci já anotava que posto nas condições de precariedade "ao indivíduo escapa a complexidade da obra comum e, na sua própria consciência, o seu trabalho é desprezado até parecer-lhe facilmente substituível a cada instante" (Q 9, §67, p. 1.138).

Não nascendo mais da fábrica e da incorporação das massas, paradoxalmente, a hegemonia atual das classes dominantes procura se sustentar na "desorganicidade", no medo e na exclusão, nas atividades voláteis e intermitentes, na perseguição às "classes perigosas" e no clima de insegurança que invoca regimes autoritários e o aparato repressor do Estado. Na verdade, a configuração do neofascismo atual reflete a natureza do ultraneoliberalismo voltado a precarizar os trabalhadores, a criminalizar as organizações populares, a capturar o senso comum com programas de auditório e a distrair a massa com uma política "bigbrotherizada", permeada de *fake news* e teorias conspiratórias. Ainda mais insidioso e letal, enquanto legitimado pelo processo eleitoral e pela "normalidade" das instituições, o caos e a "desorganicidade" produzida pelo neofascismo atual anulam o debate e o senso crítico e desqualificam os intelectuais e a cultura. Neste sentido, como aponta Gramsci, a luta de classes na "guerra de posição" travada no campo educacional, político e cultural "é a questão de teoria política a mais importante e até a mais difícil" (Q 6, §138, p. 801).

Neste sentido, o projeto de Gramsci delineado no *Caderno 12* torna-se o antídoto mais vigoroso para combater e superar a sanha regressiva, obscurantista e desintegradora do neofascismo que se propaga nos nossos dias. Ao conjugar o termo "orgânico" com o "desenvolvimento de uma sociedade integral, civil e política" (Q 12, §1, 1.522), Gramsci mostra que a criação desta civilização se realiza por meio de uma práxis capaz de integrar na relação inseparável e dialética trabalho qualificado e política ativa, educação e realidade sociopolítica, razão e paixão, ciência e arte, indivíduo e sociedade, natureza e ser humano, em um processo consciente de construção coletiva, único caminho para garantir a vida da humanidade e do próprio planeta. Em oposição ao projeto do neoliberalismo fascista que promove o aumento vertiginoso do aparato policial e militar, a concentração do poder econômico e político e a degradação humana, social e ambiental, a concepção integral de mundo delineada por Gramsci com a "escola unitária" (Q 12, §1, p. 1.536), ao entrelaçar trabalho industrial e intelectual com "toda a vida social" (Q 12, §1, p. 1.538), visa criar uma sociedade "autorregulada" por novos sujeitos políticos que socializam o poder econômico, político e cultural, cuidam integralmente de si, dos outros e do planeta e realizam a autêntica democracia dirigida pela soberania do "povo-nação" (Q 11, §67, p. 1.505). Neste empreendimento, como mostraram historicamente os jacobinos na luta contra a decomposição da velha "ordem", é necessário organização, "energia e determinação" de uma "classe nacional *dirigente, hegemônica*" capaz de criar um "novo Estado" (Q 19, §24, p. 2029, grifos meus) que possa garantir a consolidação da hegemonia não só política, mas também econômica e cultural (Q 13, §17, p. 1.584).

 O grandioso e fascinante projeto contido no *Caderno 12* torna-se ainda mais necessário como referência fecunda para o Brasil, refém de um capitalismo selvagem e mergulhado em uma crise sem precedentes, administrada por um neofascismo brutal e grotesco que golpeia e devasta perigosamente o tecido do inteiro país. No primeiro capítulo vimos como Gramsci, em uma síntese admirável, chegou a retratar os traços fundamentais que caracterizavam o Brasil no início do século XX. À distância de quase um século, ainda que tenham ocorrido significativas transformações, "o latifúndio, a casta militar, a dependência e a religião conservadora" continuam tendo incidências decisivas na construção de uma nação livre, moderna, igualitária e soberana. O trágico governo Bolsonaro não é um ponto fora da curva ou um episódio acidental, mas a expressão de uma parte considerável de um país estruturado pelo colonialismo, a escravidão e o racismo, dominado pela depredação e as brutalidades das oligarquias, manipulado pela mídia, açambarcado por amplos setores reacionários do judiciário articulados com as Forças Armadas para deflagrar golpes ao longo da história. A desenvoltura destes atores, que se fortaleceram na onda da crise profunda que toma conta do mundo e do país, vem criando um coquetel letal de neoliberalismo financeiro selvagem, *lawfare*, *fake news*, corrosão das relações sociais, fundamentalismo religioso e Estado policial e miliciano que desintegram o tecido social e assediam as "trincheiras e fortalezas" das organizações da sociedade civil, das escolas e universidades públicas e dos movimentos populares. Um quadro tão funesto, no feroz embate geopolítico que as grandes potências travam no tabuleiro mundial, abre o flanco para a interferência de forças externas que levam o Brasil a ocupar a condição de colônia agrícola exportadora de *commodities* baratas, a abdicar de sua soberania e a minar os projetos de desenvolvimento.

Tendo vivenciado fenômeno parecido, a grandeza intelectual, política e moral de Gramsci nos mostra que, embora encarcerado e politicamente derrotado, não abre mão das suas convicções nem da concepção dialética que "postula como necessária uma antítese vigorosa e que coloque em campo todas as suas possibilidades, sem transigir" (Q 15, §62, p. 1.827). Coerente até o fim, Gramsci se orgulha de ter sido um "jornalista profissional que não vende seus escritos para quem paga melhor", de ser "muito livre" em seu pensamento e "nunca esconder as minhas profundas convicções para agradar a patrões ou manipuladores" (LC, 12/10/1931, p. 478). Ao concentrar o novo princípio educativo no conceito de "dirigente" e na conquista da "hegemonia", alerta para que a lei que deveria garantir a todos a formação para alcançar "a qualificação para o trabalho e o exercício da cidadania", LDB 9394/96 (Brasil, 1996), não venha a ser reduzida a formatar "cidadãos" meramente funcionais ao mercado e domesticados no sistema de dependência, mas a formar gente capaz "de pensar, de estudar, de dirigir ou controlar quem dirige" (Q 12, §2, p. 1.547), a preparar a todos como profissionais qualificados, autônomos, críticos, socializados e responsáveis para construir e dirigir uma nova civilização, pois, "quando o 'subalterno' se torna dirigente e responsável da atividade econômica de massa, ocorre uma revisão de todo o modo de pensar porque ocorreu também uma mudança no modo social de ser" (Q 11, §12, p. 1.388).

Como as epidemias, o contágio letal do fascismo só se debela quando se combate coletiva e radicalmente, não parcial e individualmente com o "subversivismo esporádico e desorgânico" (Q 8, §25, p. 957). Em meio à "crise orgânica" que adoece gravemente todo o corpo social, não há lugar para acomodações e remendos que apregoam uma "nova normalidade". O embate gigantesco entre as forças regressivas que deflagram uma ofensiva virulenta e desesperada para garantir a manutenção da velha ordem e as lutas que fermentam nas classes trabalhadoras, portadoras de sementes de uma nova civilização, exige tomar partido. Os horizontes "radicais" e inegociáveis delineadas por Gramsci não permitem se apequenar e acanhar na reivindicação e na construção de projetos que revolucionam a sociedade, ainda mais diante do fracasso da selvageria do neoliberalismo e dos seus modelos educacionais que levam à desintegração social e à destruição do planeta.

Contra os "indiferentes" (Gramsci, 1982, p. 11), abúlicos, omissos, robotizados e cúmplices, a formação de "dirigentes" delineada por Gramsci se conecta profundamente com o pensamento de Paulo Freire para o qual "a educação é uma forma de intervenção no mundo", pois, "é impossível negar seja a natureza política do processo educativo seja o caráter educativo do ato político" (Freire, 1996, p. 109-110). Portanto, diante do crucial tempo histórico que vivemos, não é suficiente resistir e se defender, é preciso ter audácia e organização para realizar a "grande política: a criação de novos Estados" e de uma nova civilização (Q 13, §5, p. 1.564).

REFERÊNCIAS

ANTUNES, R. L. C. *Adeus ao trabalho?* Ensaio sobre as metamorfoses e a centralidade do mundo do trabalho. São Paulo: Cortez, 2008.

BARATTA, G. *Le rose e i quaderni*. Il pensiero dialogico di A. Gramsci. Roma: Gamberetti, 2000.

BARATTA, G. *Antonio Gramsci in contrappunto*. Dialoghi col presente. Roma: Carocci, 2007.

BRASIL, Lei n. 9,394, de 20 de dezembro de 1996. Lei de Diretrizes e Bases da Educação Nacional. Brasília, 1996.

BROCCOLI, A. *Antonio Gramsci e l'educazione come egemonia*. Firenze: La Nuova Italia, 1972.

CANCLINI, N. G. "Gramsci e as culturas populares na América Latina". *In*: COUTINHO, C. N.; NOGUEIRA, M. A. (orgs). *Gramsci e a América Latina*. Rio de Janeiro: Paz e Terra, 1985.

CAPITANI, L.; VILLA, R. (A cura di). *Scuola, intellettuali e identità nazionale nel pensiero di Antonio Gramsci*. Roma: Gamberetti, 1999.

CAPUZZO, P. "I subalterni da Gramsci a Guha". *In*: SCHIRRU, G. *Gramsci, le culture e il mondo*. Roma: Viella, 2009.

CHIAROTTO, F. *Operazione Gramsci. Alla conquista degli intellettuali nell'Italia del dopoguerra*. Milano: Bruno Mondadori, 2011.

COSPITO, G. Traducibilità dei linguaggi scientifici e filosofia della praxis. *In*: *Filosofia Italiana*, v. 2., 2017.

COSPITO, G. *Il ritmo del pensiero in isviluppo*. Per una lettura diacronica dei "Quaderni del carcere" di Gramsci. Napoli: Bibliopolis, 2011.

COUTINHO, C. N. *Marxismo e política*. A dualidade de poderes e outros ensaios. São Paulo: Cortez, 1994.

COUTINHO, C. N. *Gramsci*. Um estudo sobre seu pensamento político. Rio de Janeiro: Civilização Brasileira, 1999.

COUTINHO, C. N. *De Rousseau a Gramsci*: ensaios de teoria política. São Paulo: Boitempo, 2011.

CROCE, B. "Antonio Gramsci-Lettere dal carcere". *In*: *Quaderni della "Critica"*, n. 8, 1947.

CROCE, B. "Um giuoco che dura ormai troppo". *In*: *Quaderni della "Critica"*, n.17-18, 1950.

DE FELICE, R. *Rivoluzione passiva, fascismo, americanismo*. *In*: FERRI, F. (a cura). *Politica e storia in Gramsci*. Atti del convegno internazionale di studi gramsciani (Firenze, 9-11 dicembre 1977), v. II. Roma: Editori Riuniti / Istituto Gramsci, 1979.

DEWEY, J. *Experiência e Educação*. São Paulo: Ed. Nacional, 1976.

DEWEY, J. *Rifare la filosofia*. Roma: Donzelli, 2002.

DEWEY, J. *Democrazia e Educazione*. Firenze: La Nuova Italia, 2000.

DEWEY, J. *Liberalismo e azione sociale*. Roma: Ediesse, 1997.

FINELLI, R. "Gramsci tra Croce e Gentile" *Critica Marxista*, Roma, n. 5, 1989.

FINI, R. "La struttura sociale della scuola italiana tra le due guerrre". *In*: DI VORA, I.; MARGIOTTA, U. (a cura di). *Ripensare Gramsci: tra idealismo, pragmatismo e filosofia della prassi*. Lecce: Pensa Multimidia, 2008.

FRANCIONI, G. Come lavorava Gramsci. *In*: GRAMSCI, A. "Introduzione" vol. 1 *Quaderni del carcere. Edizione anastatica dei manoscritti*, a cura de G. Francioni, v. 18. Roma-Cagliari: L'Unione Sarda-Istituto della Enciclopedia Italiana, 2009.

FRANCIONI, G. "L'eredità di Gramsci, tra filosofia, filologia e politica", Intervista (a cura di F. Frosini). *In: Filosofia Italiana*, Roma, n. 2, 2017.

FRANCIONI, G. *Il bauletto inglese*. Appunti per una storia dei "Quaderni" di Gramsci. Roma: Studi Storici, v. 33, n. 4, p. 713-741, 1992.

FRANCIONI, G. *L'officina gramsciana*. Ipotesi sulla struttura dei "Quaderni del carcere". Napoli: Bibliopolis, 1984.

FRANCIONI, G.; COSPITO, G. *Nota Introduttiva al Quaderno 12 (1932)*. *In*: GRAMSCI, A. *Quaderni del carcere. Edizione anastatica dei manoscritti*, a cura de G. Francioni, v. 18, Roma-Cagliari: L'Unione Sarda-Istituto della Enciclopedia Italiana, 2009.

FREIRE, P. *A importância do ato de ler*: em três artigos que se completam. São Paulo: Cortez, 1996.

FREIRE, P. *Pedagogia da autonomia*. Rio de Janeiro: Paz e Terra, 2000.

FROSINI, F. *Gramsci e la filosofia*. Saggio sui "Quaderni del carcere". Roma: Carocci, 2003.

FROSINI, F. *La religione dell'uomo moderno*. Politica e verità nei Quaderni del carcere di A. Gramsci. Roma: Carocci, 2010.

FROSINI, F. *Note sul programma di lavoro sugli "intellettuali italiani" alla luce della nuova edizione critica*. In: Studi Storici, *L'Edizione nazionale e gli studi gramsciani,* ottobre-dicembre, n. 4, Carocci, Roma, 2011, p. 905-924.

FROSINI, F. *Il fascismo nei "Quaderni del carcere"*. Texto apresentado no Seminário da International Gramsci Society-Italia, em 22 de janeiro de 2016. Disponível em: https://uniurb.academia.edu/FabioFrosini. Acesso em: 30 abr. 2021.

GENTILE, G. *La filosofia de Marx*. Firenze: Sansoni, 1974.

GENTILE, G. *La riforma della dialettica hegeliana*. Firenze*:* Sansoni, 1975.

GENTILE, G. *Sommario di pedagogia come scienza filosofica*. Firenze: Sansoni, 1959.

GERRATANA, V., *Questoni di metodo*, Roma: Editori Riuniti, 1997.

GERRATANA, V. "Prefazione" a *Quaderni del carcere,* a cura de V. Gerratana, V. 4. Torino: Einaudi, 1975.

GRAMSCI, A. *Quaderni del carcere*. Edizione tematica (a cura di P. Togliatti e F. Platone). Roma: Riuniti, 1950.

GRAMSCI, A. *Quaderni del carcere* (a cura di V. Gerratana), v. 4, Torino: Einaudi, 1975.

GRAMSCI, A. *Lettere dal carcere 1926-1937* (a cura di A.A. Santucci), v.2. Palermo: Sellerio Editore, 1996.

GRAMSCI, A. *Quaderni del carcere (*ed. anastatica dei manoscritti, a cura di G. Franconi) v. 18, Cagliari-Roma: L'Unione Sarda-Istituto della Enciclopedia Italiana, 2009.

GRAMSCI, A. *Cadernos do Cárcere* (ed. e trad. C. N. Coutinho, coed. Luiz Sérgio Henriques e Marco Aurélio Nogueira). Rio de Janeiro: Civilização Brasileira, 6 v., 1999-2010.

GRAMSCI, A. *Escritos Políticos* (ed. C. N. Coutinho). 2v. Rio de Janeiro: Civilização Brasileira, 2004.

GRAMSCI, A. *Scritti Giovanili 1914-1918*. Torino: Einaudi, 1972.

GRAMSCI, A. Alcuni temi della quistione meridionale. *In*: GRAMSCI, A. *La questione meridionale* (a cura di F. De Felice e V. Parlato). Roma: Editori Riuniti, 1974.

GRAMSCI, A. *La Costruzione del partito comunista 1923-1926* (a cura di Elsa Fubini). Torino: Einaudi, 1978.

GRAMSCI, A. *Cronache Torinesi 1913-1917* (a cura di S. Caprioglio). Torino: Einaudi, 1980.

GRAMSCI, A. *La città futura* (a cura di S. Caprioglio). Torino: Einaudi, 1982.

GRAMSCI, A. Il nostro Marx 1918-1919 (a cura di S. Caprioglio). Torino: Einaudi, 1984.

GRAMSCI, A. *L'Ordine Nuovo 1919-1920* (a cura di V. Gerratana e A. A. Santucci). Torino: Einaudi, 1987.

GREEN, M. "Subalternità, questione meridionale e funzione degli intellettuali". *In*: SCHIRRU, G. (a cura di) *Gramsci, le culture e il mondo*. Roma: Viella, 2009.

HEGEL, G. W. F. *Fenomenologia do Espírito*, v. I. Petrópolis: Vozes, 1992.

HEGEL, G. W. F. *Lineamenti della filosofia del diritto*. Bari: Laterza, 1996.

HEGEL, G. W. F. *Lezioni sulla storia della filosofia*. Codignola, E.; Sanna, G. (org.).v. 4. Firenze: La Nuova Italia 1973.

LENIN, V. I. *Sobre a educação*. Lisboa: Ed. Seara Nova, 1977.

LENIN, V. I. *La instrución pública*. Moscou: Progresso, 1975.

LIGUORI, G. *Sentieri gramsciani*. Roma: Carocci, 2006.

LIGUORI, G. *Gramsci conteso*. Intepretazioni, dibattiti e polemiche 1922-2012. Roma: Editori Riuniti, 2012.

LIGUORI, G. *Genesi e struttura dei Quaderni del carcere di Gramsci*. Laboratorio permanente di studi gramsciani dell'Unical, Università della Calabria. Seminario dell'8 ottobre 2013, Disponível em: https://laboratoriogramscianounical.wordpress.com/genesi-e-struttura-dei-quaderni-del-carcere-di-gramsci-g-liguori/. Acesso em: 30 abr. 2021.

LIGUORI, G.; VOZA, P. *Dizionario Gramsciano 1926-1937*. Roma: Carocci, 2009.

LOMBARDI, J. C.; SAVIANI, D. (org). *Marxismo e educação: debates contemporâneos*. Campinas: Autores Associados, 2005.

MALTESE, P., *Letture pedagogiche di Antonio Gramsci*. Roma: Anicia, 2010.

MANACORDA, M. A. *O princípio educativo em Gramsci*. Porto Alegre: Artes Médicas, 1990.

MANACORDA, M. A. *Marx e a pedagogia moderna*. São Paulo: Cortez, 1996.

Mapa Bibliográfico de Gramsci no Brasil, 2016. Disponível em: www.igsbrasil.org. Acesso em: 30 abr. 2021.

MARTELLI, M. *Etica e storia*. Croce e Gramsci a confronto. Napoli: La città del Sole, 2001.

MARTELLI, M. *Gramsci Filosofo della Politica*. Milano: Unicopli, 1996.

MARX, K. *O Capital*. Crítica da economia política. O processo de produção do capital (Livro I, v. II). Rio de Janeiro: Civilização Brasileira, 2008.

MARX, K. *Il Capitale:* critica dell'economia politica. Roma: Riuniti, 1984.

MARX, K. *Crítica da educação e do ensino*. Lisboa: Moraes Editores, 1978.

MARX, K. *Manifesto do partido comunista* (a cura di D. Losurdo). Roma-Bari: Laterza,1999.

MARX, K.; ENGELS, F. *A ideologia alemã*. São Paulo: Martins Fontes, 1998.

MARX, K.; ENGELS, F. *Textos sobre educação e ensino*. São Paulo: Centauro, 2004.

MARTINS, M. F. "'Tradução' da escola unitária de Gramsci pela Pedagogia Histórico-Crítica de Saviani". *Educação Temática Digital (ETD)*, Campinas, v. 20, p. 997-1.017, 2018.

META, C. (a cura di). *Gramsci: Quaderno 12*. Roma: Edizioni Conoscenza, 2018.

MORDENTI, R. "*Homo faber*: per una antropologia filosofica di Gramsci". Roma, 2007. Disponível em: http://outubrorevista.com.br/wp-content/uploads/2015/02/Revista-Outubro-Edic%CC%A7a%CC%83o-19-Artigo-05.pdf Acesso em: 30 abr. 2021.

MUSITELLI, M. P. "Brescianismo". *In*: *Le parole di Gramsci*. Per un lessico dei *Quaderni del carcere* (orgs. F. Frosini e G. Liguori). Roma: Carocci, 2004.

NOSELLA, P. *A escola de Gramsci*. Porto Alegre: Artes Médicas Ed., 1992.

NOSELLA, P. Gramsci *excubitor* (1916-1918), *Práxis e Hegemonia popular*, n. 5, ago./dez. 2019.Disponível em: http://igsbrasil.org/praxis/edicao-5/gramsci-excubitor-1916-1918/. Acesso em: 30 abr. 2021.

PAGGI, L. *Antonio Gramsci e il moderno principe*, Roma: Editori Riuniti, 1970.

RAGAZZINI, D. *Teoria da personalidade na sociedade de massa*. A contribuição de Gramsci. Campinas: Ed. Autores Associados, 2005.

RAGAZZINI, D. *Società industriale e formazione umana,* Roma: Editori Riuniti, 1976.

ROSSEAU, J.J. *Il contratto sociale*. Torino: Einaudi, 1994.

SAVIANI, D. "Marxismo e educação". *Revista Princípios*, Natal, n. 82, p. 37-45, dez./2005-jan./2006.

SEMERARO, G. *Gramsci e os embates da filosofia da práxis*. São Paulo: Editora Ideias e Letras, 2010.

SEMERARO, G. "A práxis de Gramsci e o pragmatismo de Dewey". *Revista de Educação Pública*, Cuiabá, n. 33, p. 119-130, jan./abr. 2008.

SEMERARO, G. "Gramsci educador de 'relações hegemônicas'". *In*: TORRES, A. (org). *Educação e democracia: diálogos*. Cuiabá: EdUFMT, 2012.

SEMERARO, G. "Gramsci e os movimentos populares: um estudo a partir do Caderno 25". *Revista Educação e Sociedade*, Campinas, n. 126, jan./mar. 2014.

SEMERARO, G. "A concepção de 'trabalho' na filosofia de Hegel e Marx". *Revista Educação e Filosofia*, Uberlândia, v. 27, n. 53, p. 87-104, jul. 2013.

SILVEIRA, R. J. T. "Ensino de filosofia e cidadania: uma abordagem a partir de Gramsci". *Revista Brasileira de Estudos Pedagógicos*, Rio de Janeiro, v. 94, n. 236, p. 53-77, 2013.

SPRIANO, P. *L'Ordine Nuovo e i Consigli di fabbrica*. Torino: Einaudi, 1971.

TAVARES DE JESUS, A. *O pensamento e a prática escolar de Gramsci*. Campinas: Autores Associados, 2002.

TOGLIATTI, P. *L'antifascismo de Antonio Gramsci*. Conferência em Bari em 23/03/1952. *In*: *Gramsci* (a cura di E. Ragionieri). Roma: Riuniti, 1967.

TOSEL, A. *Marx en italiques*. Aux origines de la philosophie italienne contemporaine. Mouvezin: Trans-Europe-Repress, 1991.

VACCA, G. *Prefazione* a A. Gramsci, *Quaderni del carcere*. Edizione anastatica dei manoscritti (a cura di G. Francioni). v. 1. Cagliari-Roma: L'Unione Sarda-Istituto della Enciclopedia Italiana, 2009, p. 18.

VACCA, G. "La filosofia della praxis di A. Gramsci". *Educação e Filosofia*, Uberlândia, v. 28, n. 56, p. 535-557, jul./dez. 2014.

VOZA, O. "Rivoluzione passiva". *In:* FROSINI, F. LIGUORI, G. (org.) *Le parole di Gramsci*. Per un lessico dei *Quaderni del carcere*. Roma: Carocci, 2004.

VOZA, P. "Intellettuali". *In*: LINGUORI, G.; VOZA, P. *Dizionario Gramsciano 1926-1937*. Roma: Carocci, 2009, p. 425-433.

WEBER, M. *La scienza come professione La politica come professione*. Torino: Edizioni Comunità, 2001.

Agradecemos à FAPERJ pela Bolsa de Pesquisador Visitante (PV) concedida no período de setembro de 2019 a agosto de 2020 para realizar esta pesquisa no Programa de Pós-Graduação em Políticas Públicas e Centro de Educação e Humanidades da Universidade do Estado do Rio de Janeiro (UERJ), sob a orientação do Prof. Gaudêncio Frigotto.

ANEXO

CADERNO 12 (XXIX) 1932[1]

Antonio Gramsci

Apontamentos e notas esparsas para um grupo de ensaios sobre a história dos intelectuais

§ 1. Os intelectuais são um grupo social autônomo e independente, ou cada grupo social tem sua própria categoria especializada de intelectuais? O problema é complexo devido às várias formas que assumiu até agora o processo histórico real de formação das diversas categorias intelectuais. As mais importantes dessas formas são duas:

1) Todo grupo social, nascendo no terreno originário de uma função essencial no mundo da produção econômica, cria junto a si, organicamente, um ou mais estratos de intelectuais que lhe dão homogeneidade e consciência de sua própria função não só no campo econômico, mas também no social e político: o empresário capitalista cria consigo o técnico da indústria, o cientista da Economia Política, o organizador de uma nova cultura,

---

[1] Tradução realizada por Maria Margarida Machado, professora do Programa de Pós-Graduação em Educação (PPGE) da Faculdade de Educação da Universidade Federal de Goiás, e revisada por Giovanni Semeraro.

de uma nova lei etc. etc. É necessário observar que o empresário representa uma elaboração social superior, já caracterizada por uma certa capacidade gerencial e técnica (isto é, intelectual): ele deve ter uma certa capacidade técnica, não apenas na esfera circunscrita de sua atividade e iniciativa, mas também em outras esferas, pelo menos naquelas mais próximas da produção econômica (deve ser um organizador de massas de homens, deve ser um organizador da "confiança" dos investidores em sua empresa, dos compradores da sua mercadoria etc.). Se não todos os empresários, pelo menos uma elite deles deve ter a capacidade de ser organizador da sociedade em geral, em todo seu complexo organismo de serviços, até o organismo estatal, devido à necessidade de criar as condições mais favoráveis para a expansão da própria classe; ou deve possuir pelo menos a capacidade de escolher os "prepostos" (funcionários especializados) a quem confiar esta atividade organizadora das relações gerais fora da empresa. Pode-se observar que os intelectuais "orgânicos" que cada nova classe cria consigo mesma e elabora em seu desenvolvimento progressivo são em sua maioria "especializações" de aspectos parciais da atividade primitiva do novo tipo social que a nova classe trouxe à luz. (Os senhores feudais também eram detentores de uma capacidade técnica particular, a militar, e é precisamente a partir do momento em que a aristocracia perde seu monopólio de capacidade técnico-militar que a crise do feudalismo começa. Mas a formação de intelectuais no mundo feudal e no precedente mundo clássico é uma questão a ser examinada separadamente: esta formação e elaboração segue caminhos e modos que precisam ser estudados concretamente. Assim, é de se notar que a massa camponesa, embora desempenhe uma função essencial no mundo da produção, não elabora seus próprios intelectuais "orgânicos" e não "assimila" nenhuma classe de intelectuais "tradicionais", ainda que da massa camponesa outros grupos sociais retirem muitos de seus intelectuais e uma grande parte dos intelectuais tradicionais seja de origem camponesa).

2) Mas todo grupo social "essencial" emergindo na história da estrutura econômica anterior e como expressão de seu desenvolvimento (desta estrutura) encontrou, pelo menos na história ocorrida até agora, categorias sociais preexistentes e que, aliás, apareciam como representando uma continuidade histórica ininterrupta mesmo nas mais complicadas e radicais mudanças das formas sociais e políticas. A mais típica destas categorias intelectuais é a dos eclesiásticos, que durante muito tempo monopolizaram (para toda uma fase histórica que de fato se caracteriza em parte por este monopólio) alguns serviços importantes: a ideologia religiosa, isto é, a filosofia e a ciência da época, com a escola, a educação, a moral, a justiça, a caridade, a assistência etc. A categoria dos eclesiásticos pode ser considerada como a categoria intelectual organicamente ligada à aristocracia fundiária: ela foi legalmente equiparada à aristocracia, com a qual compartilhou o exercício da propriedade feudal da terra e o uso dos privilégios de Estado ligados à propriedade. Mas o monopólio das superestruturas por parte dos eclesiásticos (disso nasceu o significado geral de "intelectual" – ou "especialista" – da palavra "clérigo", em muitas línguas de origem neolatina ou fortemente influenciadas, através do latim eclesiástico, pelas línguas neolatinas, com seu correlato de "leigo" no sentido de profano – não especialista) não foi exercido sem luta e limitações e, portanto, houve o nascimento, em várias formas (a ser pesquisado e estudado concretamente) de outras categorias, favorecidas e ampliadas pelo fortalecimento do poder central do monarca, até o absolutismo. Assim, vem-se formando a aristocracia da toga, com seus próprios privilégios; um estrato de administradores etc., cientistas, teóricos, filósofos não eclesiásticos etc.

Uma vez que estas várias categorias de intelectuais tradicionais sentem com "espírito de grupo" sua ininterrupta continuidade histórica e sua "qualificação", eles se posicionam como autônomos e independentes do grupo social dominante; esta autoposição não é isenta de consequências no campo ideológico e político, consequências de grande alcance (toda a filosofia idealista pode ser facilmente conectada com esta posição assumida pelo complexo social dos intelectuais e pode ser definida como a expressão desta utopia social pela qual os intelectuais se consideram "independentes", autônomos, dotados de suas próprias características etc. Deve-se notar, entretanto, que se o papa e a alta hierarquia da Igreja acreditam estar mais ligados a Cristo e aos apóstolos do que aos senadores Agnelli e Benni, o mesmo não acontece com Gentile e Croce, por exemplo; Croce, especialmente, sente-se fortemente ligado a Aristóteles e Platão, mas não esconde, ao contrário, o fato de estar ligado aos senadores Agnelli e Benni, e nisto devemos procurar o caráter mais proeminente da filosofia de Croce).

(Esta pesquisa sobre a história dos intelectuais não será de caráter "sociológico", mas dará origem a uma série de ensaios sobre a "história da cultura" (*Kulturgeschichte*) e sobre a história da ciência política. Todavia, será difícil evitar algumas formas esquemáticas e abstratas que lembrem as da "sociologia": será necessário, portanto, encontrar a forma literária mais adequada para que a exposição seja "não sociológica". A primeira parte da pesquisa poderia ser uma crítica metódica das obras já existentes sobre os intelectuais, que quase todas são de caráter sociológico. Coletar a bibliografia sobre o assunto é, portanto, indispensável).

Quais são os limites "máximos" da acepção de "intelectual"? É possível encontrar um critério unitário para caracterizar igualmente todas as diferentes e díspares atividades intelectuais e distingui-las ao mesmo tempo e de forma essencial das atividades de outros agrupamentos sociais? O erro metódico mais difundido me parece aquele de ter buscado este critério de distinção no intrínseco das atividades intelectuais e não em todo o sistema de relações em que elas (e, portanto, os grupos que as personificam) se encontram no complexo geral das relações sociais. E de fato, o trabalhador ou proletário, por exemplo, não se caracteriza especificamente pelo trabalho manual ou instrumental (à parte a consideração de que não existe trabalho puramente físico e que mesmo a expressão de Taylor de "gorila *amestrado*" é uma metáfora para indicar um limite em uma determinada direção: em qualquer trabalho físico, mesmo o mais mecânico e degradado, existe um mínimo de qualificação técnica, ou seja, um mínimo de atividade intelectual criativa), mas por este trabalho em determinadas condições e em determinadas relações sociais. E já foi observado que o empresário, por sua própria função, deve ter em certa medida uma série de qualificações de caráter intelectual, embora sua figura social seja determinada não por elas, mas pelas relações sociais gerais que caracterizam precisamente a posição do empresário na indústria.

Todos os homens são intelectuais, se poderia dizer, portanto; mas, nem todos os homens têm na sociedade a função de intelectuais (assim, porque pode acontecer que cada um em algum momento frite dois ovos ou costure um rasgo em seu casaco, não se dirá que todos são cozinheiros ou alfaiates). Assim, historicamente, se formam categorias especializadas para o exercício da função intelectual, se formam em conexão com todos os grupos sociais, mas especialmente em conexão com os grupos sociais mais importantes e passam por elaborações mais extensas e complexas em conexão com o grupo social dominante. Uma das características mais marcantes de todo grupo que se desenvolve rumo ao domínio é sua luta pela assimilação e pela conquista "ideológica" dos intelectuais tradicionais, assimilação e conquista que é tanto mais rápida e eficaz quanto mais o grupo em questão elabora simultaneamente os próprios intelectuais orgânicos. O enorme desenvolvimento obtido pela atividade e pela organização escolar (no sentido amplo) nas sociedades que surgiram do mundo medieval indica qual importância assumiram, no mundo moderno, as categorias e funções intelectuais: assim como se procurou aprofundar e ampliar a "intelectualidade" de cada indivíduo, também se buscou multiplicar as especializações e refiná-las. Isto resulta das instituições escolares de diferentes graus, até os organismos para promover a chamada "alta cultura", em todos os campos da ciência e da tecnologia. (A escola é o instrumento para elaborar os intelectuais de vários graus. A complexidade da função intelectual em diversos Estados pode ser medida objetivamente pela quantidade de escolas especializadas e pela sua hierarquização: quanto mais extensa a "área" escolar e quanto mais numerosos os "graus" "verticais" da escola, tanto mais é complexo o mundo cultural, a civilização de um determinado Estado. Pode-se ter um termo de comparação na esfera da técnica industrial: a industrialização de um país se mede pelo seu equipamento na construção de máquinas para construir máquinas e na fabricação de instrumentos cada vez mais precisos para construir máquinas e instrumentos para construir máquinas etc. O país que possui os melhores equipamentos para a construção de instrumentos para os laboratórios experimentais dos cientistas e para a construção de instrumentos para testar esses instrumentos pode ser considerado o mais complexo no campo técnico industrial, o mais civilizado etc. Assim é na preparação de intelectuais e nas escolas dedicadas a esta preparação: escolas e institutos de alta cultura são assimiláveis). (Neste campo, também, a quantidade não pode ser separada da qualidade. À especialização técnico cultural mais refinada não pode deixar de corresponder a maior extensão possível da difusão da instrução primária e a maior solicitude em favorecer os graus intermediários ao maior número possível. Naturalmente esta necessidade de criar a base mais ampla possível para a seleção e elaboração das mais altas qualificações intelectuais – ou seja, de dar à alta cultura e à alta tecnologia uma estrutura democrática – não é desprovida de seus inconvenientes: cria-se, assim, a possibilidade de vastas crises de desemprego dos estratos médios intelectuais, como de fato acontece em todas as sociedades modernas).

Deve-se notar que a elaboração dos estratos intelectuais na realidade concreta não se dá em um terreno democrático abstrato, mas segundo processos históricos tradicionais muito concretos. Formaram-se estratos que tradicionalmente "produzem" intelectuais e são os mesmos que normalmente se especializam na "poupança", ou seja, a pequena e média burguesia rural e alguns estratos da pequena e média burguesia urbana. A diferente distribuição dos diferentes tipos de escolas (clássicas e profissionais) no território "econômico" e as diferentes aspirações das diversas categorias desses setores determinam ou moldam a produção dos diferentes ramos de especialização intelectual. Assim, na Itália, a burguesia rural produz especialmente funcionários públicos e profissionais liberais, enquanto a burguesia urbana produz técnicos para a indústria: e, portanto, o Norte da Itália produz especialmente técnicos e o Sul da Itália especialmente funcionários e profissionais.

A relação entre os intelectuais e o mundo da produção não é imediata, como ocorre para grupos sociais fundamentais, mas é "mediada", em graus variados, por todo o tecido social, pelo complexo de superestruturas, das quais os intelectuais são precisamente os "funcionários". Poderia se medir a "organicidade" dos diferentes estratos intelectuais, a sua mais ou menos estreita conexão com um grupo social fundamental, estabelecendo uma gradação das funções e das superestruturas de baixo para cima (da base estrutural para cima). É possível, por enquanto, fixar dois grandes "planos" superestruturais, o que pode ser chamado de "sociedade civil", ou seja, o conjunto de organismos vulgarmente denominados "privados" e o de "sociedade política ou Estado" e que correspondem à função de "hegemonia" que o grupo dominante exerce em toda a sociedade e à de "domínio direto" ou comando que se expressa no Estado e no governo "jurídico". Estas funções são precisamente organizativas e conectivas. Os intelectuais são os "prepostos" do grupo dominante para o exercício das funções subalternas da hegemonia social e do governo político, isto é: 1) do consenso "espontâneo" dado pelas grandes massas da população à direção impressa na vida social pelo grupo fundamental dominante, consenso que nasce "historicamente" do prestígio (e, portanto, da confiança) originado no grupo dominante pela sua posição e a sua função no mundo da produção; 2) do aparelho de coerção estatal que assegura "legalmente" a disciplina daqueles grupos que não "consentem" nem ativa nem passivamente, mas que é constituído para toda a sociedade na previsão dos momentos de crise no comando e na direção, quando o consentimento espontâneo falha. Esta abordagem do problema resulta em uma extensão muito grande do conceito de intelectual, mas somente desta forma é possível chegar a uma aproximação concreta da realidade. Este modo de colocar a questão se choca com os preconceitos de casta: é verdade que a própria função organizativa da hegemonia social e do domínio estatal dá lugar a uma certa divisão do trabalho e, portanto, a toda uma gradação de qualificações, em algumas das quais não aparece mais nenhuma atribuição diretiva e organizativa: no aparelho de direção social e estatal existe toda uma série de empregos de caráter manual e instrumental (de ordem e não de conceito, de agente e não de oficial ou funcionário etc.), mas evidentemente é necessário fazer esta distinção, assim como algumas outras. De fato, a atividade intelectual deve ser distinguida em graus, também de um ponto de vista intrínseco, graus que em momentos de extrema oposição dão uma verdadeira e própria diferença qualitativa: no degrau mais alto devem ser colocados os criadores das diversas ciências, da filosofia, da arte etc.; no mais baixo, os mais humildes "administradores" e divulgadores da riqueza intelectual já existente, tradicional, acumulada. O organismo militar, também neste caso, oferece um modelo destas graduações complexas: oficiais subalternos, oficiais superiores, Estado-Maior; e não devemos esquecer os graduados das tropas, cuja importância real é maior do que se pensa geralmente. É interessante notar que todas estas partes se sentem solidárias, e, até, os estratos mais baixos manifestam um espírito de grupo mais visível e derivam dele uma "ostentação" que muitas vezes os expõe à zombaria e ao escárnio.

No mundo moderno, a categoria dos intelectuais, assim compreendida, expandiu-se de uma forma sem precedentes. Foram elaboradas pelo sistema social democrático-burocrático massas imponentes, nem todas justificadas pelas necessidades sociais da produção, embora justificadas pelas necessidades políticas do grupo fundamental dominante. Daí a concepção loriana do "trabalhador" improdutivo (mas, improdutivo referindo-se a quem e a que modo de produção?), que poderia ser parcialmente justificada se levarmos em conta que essas massas exploram sua posição para obterem enormes quantias da renda nacional. A formação em massa estandardizou os indivíduos, seja como qualificação individual seja como psicologia, determinando os mesmos fenômenos que ocorrem em todas as outras massas estandardizadas: concorrência que coloca a necessidade da organização profissional de defesa, desemprego, superprodução escolar, emigração etc.

Posição diferente dos intelectuais de tipo urbano e rural. Os intelectuais do tipo urbano cresceram com a indústria e estão ligados às suas fortunas. A sua função pode ser comparada à dos oficiais subalternos no exército: não têm nenhuma iniciativa autônoma para construir o plano de construção; relacionam, articulando-a, a massa instrumental ao empresário; elaboram a execução imediata do plano de produção estabelecido pelo estado-maior da indústria, controlando suas etapas de trabalho elementares. Na média geral, os intelectuais urbanos são muito estandardizados; os altos intelectuais urbanos são confundidos cada vez mais com o verdadeiro e próprio estado-maior industrial.

Os intelectuais do tipo rural são em grande parte "tradicionais", isto é, ligados à massa social camponesa e pequeno-burguesa, de cidades (especialmente dos centros menores), ainda não elaborada e posta em marcha pelo sistema capitalista: este tipo de intelectual coloca em contato a massa camponesa com a administração estatal ou local (advogados, notários etc.) e por esta mesma função possui uma grande função político-social, porque a mediação profissional é dificilmente separável da mediação política. Além disso: no campo, o intelectual (padre, advogado, professor, notário, médico etc.) tem um padrão de vida médio superior ou, pelo menos, diferente daquele do camponês médio e, portanto, representa para este um modelo social em sua aspiração de sair de sua condição e de melhorá-la. O camponês sempre pensa que, pelo menos um de seus filhos, poderia tornar-se um intelectual (especialmente padre), ou seja, tornar-se um senhor, elevando o nível social da família e facilitando sua vida econômica com os contatos que não deixará de ter entre os outros senhores. A atitude do camponês em relação ao intelectual é dupla e parece contraditória: ele admira a posição social do intelectual e em geral do funcionário do Estado, mas às vezes finge desprezá-la, ou seja, sua admiração é instintivamente imbuída de elementos de inveja e raiva apaixonada. Não se compreende nada da vida coletiva dos camponeses e dos germes e fermentos em desenvolvimento que ali existem se não se levar em consideração, se não se estudar concretamente e não se aprofundar, esta subordinação efetiva aos intelectuais: todo desenvolvimento orgânico das massas camponesas, até certo ponto, está ligado aos movimentos dos intelectuais e depende deles.

O caso dos intelectuais urbanos é diferente: os técnicos da fábrica não exercem nenhuma função política sobre suas massas instrumentais, ou, pelo menos, esta é uma fase já superada; às vezes acontece exatamente o contrário, que as massas instrumentais, pelo menos através de seus próprios intelectuais orgânicos, exercem uma influência política sobre os técnicos.

O ponto central da questão continua sendo a distinção entre intelectuais, categoria orgânica de todo grupo social fundamental, e intelectuais, como categoria tradicional; distinção da qual surge toda uma série de problemas e de possíveis pesquisas históricas. O problema mais interessante é o que diz respeito, quando considerado deste ponto de vista, ao partido político moderno, às suas origens reais, aos seus desenvolvimentos, às suas formas. O que se torna o partido político em relação ao problema dos intelectuais? É preciso fazer algumas distinções: 1) para alguns grupos sociais o partido político nada mais é do que o modo próprio de elaborar sua própria categoria de intelectuais orgânicos, que são assim formados e não podem deixar de ser formados, dadas as características e condições gerais de formação, de vida e desenvolvimento do grupo social dado, diretamente no campo político e filosófico e não no campo da técnica produtiva (no campo da técnica produtiva, formam-se aqueles estratos que se pode dizer que correspondem aos "graduados da tropa" do exército, ou seja, os operários qualificados e especializados da cidade e, de forma mais complexa, os meeiros e colonos do campo, já que o meeiro e o colono, em geral correspondem mais ao tipo artesão, que é o trabalhador qualificado de uma economia medieval); 2) o partido político, para todos os grupos, é precisamente o mecanismo que desempenha na sociedade civil a mesma função que o Estado desempenha em maior medida e de forma mais sintética, na sociedade política, ou seja, ele busca a soldagem entre intelectuais orgânicos de um determinado grupo, aquele dominante, e intelectuais tradicionais, e esta função o partido cumpre precisamente na dependência da sua função fundamental, que é a de elaborar os próprios componentes, elementos de um grupo social nascido e desenvolvido como "econômico", até conseguir transformá-los em intelectuais políticos qualificados, dirigentes, organizadores de todas as atividades e funções inerentes ao desenvolvimento orgânico de uma sociedade integral, civil e política. Pode-se dizer, até, que no seu âmbito o partido político cumpre a sua função muito mais completa e organicamente do que o Estado cumpre a sua em âmbito mais amplo: um intelectual que passa a fazer parte do partido político de um determinado grupo social, confunde-se com os intelectuais orgânicos do próprio grupo, se vincula intimamente ao grupo, o que não acontece, senão mediocremente e às vezes de forma alguma, através da participação na vida estatal. Pelo contrário, acontece que muitos intelectuais pensam que são o Estado, uma crença que, dada a massa imponente da categoria, às vezes tem consequências consideráveis e leva a complicações desagradáveis para o grupo fundamental econômico que realmente é o Estado.

Que todos os membros de um partido político devam ser considerados intelectuais é uma afirmação que pode se prestar a brincadeiras e caricaturas, mas quando se reflete, nada poderia ser mais exato. Precisará fazer uma distinção de graus, uma vez que um partido poderá ter uma composição maior ou menor do grau mais alto ou mais baixo, mas não é isso o que importa: o que importa é a função que é diretiva e organizativa, ou seja, educativa, ou seja, intelectual. Um comerciante não entra em um partido político para fazer comércio, nem um industrial para produzir mais e a menor custo, nem um camponês para aprender novos métodos de cultivo da terra, mesmo que alguns aspectos dessas exigências do comerciante, do industrial, do camponês possam encontrar satisfação no partido político (a opinião geral contradiz isso, afirmando que o comerciante, o industrial, o camponês "politiqueiros" perdem em vez de ganhar, e são os piores de sua categoria, o que pode ser discutido). Para estes fins, dentro de certos limites, existe o sindicato profissional no qual a atividade econômico-corporativa do comerciante, do industrial, do camponês, encontra seu quadro mais adequado. No partido político os elementos de um grupo social-econômico superam este momento de seu desenvolvimento histórico e se tornam agentes de atividades gerais, de caráter nacional e internacional. Esta função do partido político deveria parecer muito mais clara a partir de uma análise histórica concreta de como se desenvolvem as categorias orgânicas dos intelectuais e as categorias tradicionais, tanto no terreno das diversas histórias nacionais, como no do desenvolvimento dos diversos grupos sociais mais importantes no âmbito das diversas nações, especialmente daqueles grupos cuja atividade econômica tem sido predominantemente instrumental.

A formação de intelectuais tradicionais é o problema histórico mais interessante. Está certamente relacionado à escravidão do mundo clássico e à posição dos libertos de origem grega e oriental na organização social do Império Romano. Esta separação, não apenas social, mas nacional, racial, entre as massas consideráveis de intelectuais e a classe dominante do Império Romano se reproduz após a queda do Império, entre guerreiros germânicos e intelectuais de origem romanizada, continuadores da categoria de libertos. Entrelaça-se com estes fenômenos o nascimento e o desenvolvimento do catolicismo e da organização eclesiástica que durante muitos séculos absorve a maior parte da atividade intelectual e exerce o monopólio da direção cultural, com sanções penais para aqueles que querem se opor ou mesmo ignorar o monopólio. Na Itália verifica-se o fenômeno, mais ou menos intenso de acordo com os tempos, da função cosmopolita dos intelectuais da península. Mencionarei as diferenças que saltam imediatamente aos olhos no desenvolvimento de intelectuais em toda uma série de países, pelo menos as mais notáveis, com a ressalva de que estas observações terão que ser verificadas e aprofundadas (além disso, todas estas notas devem ser consideradas simplesmente como esboços e motivações para a memória, que devem ser verificadas e aprofundadas):

Para a Itália, o fato central é precisamente a função internacional e cosmopolita dos seus intelectuais, que é causa e efeito do estado de desagregação em que permaneceu a península desde a queda do Império Romano até 1870.

A França oferece um tipo acabado de desenvolvimento harmonioso de todas as energias nacionais e especialmente das categorias intelectuais; quando em 1789 um novo agrupamento social aflora politicamente para a história, ele está totalmente equipado para todas as suas funções sociais e, portanto, luta pelo domínio total da nação, sem chegar a compromissos essenciais com as velhas classes, mas, em vez disso, subordinando-as a seus próprios fins. As primeiras células intelectuais do novo tipo surgem com as primeiras células econômicas: a própria organização eclesiástica é influenciada por elas (Gallicanismo, lutas muito precoces entre Igreja e Estado). Esta construção intelectual maciça explica a função da cultura francesa nos séculos XVIII e XIX, uma função de irradiação internacional e cosmopolita e de expansão com um caráter imperialista e hegemônico de modo orgânico, portanto bem diversa da italiana, com um caráter imigratório pessoal e desagregado, que não reflui sobre a base nacional para fortalecê-la, mas ao contrário contribui para tornar impossível a construção de uma sólida base nacional.

Na Rússia existem diversos germes: a organização política e econômico-comercial é criada pelos normandos (Varegos), a religiosa pelos gregos bizantinos; num segundo momento os alemães e os franceses trazem a experiência europeia para a Rússia e dão um primeiro esqueleto consistente à gelatina histórica russa. As forças nacionais são inertes, passivas e receptivas, mas talvez precisamente por isso assimilam completamente as influências estrangeiras e os próprios estrangeiros, russificando-os. No período histórico mais recente, ocorre o fenômeno inverso: uma elite de pessoas entre as mais ativas, enérgicas, empreendedoras e disciplinadas emigra para o exterior, assimilam a cultura e as experiências históricas dos países mais avançados do Ocidente, sem com isso perder as características mais essenciais de sua própria nacionalidade, ou seja, sem romper os laços sentimentais e históricos com seu próprio povo; tendo assim feito seu aprendizado intelectual, retorna ao país, compelindo o povo a um despertar forçado, a uma marcha acelerada em frente, queimando as etapas. A diferença entre esta elite e a alemã importada (por Pedro o Grande, por exemplo) consiste em seu caráter essencial nacional-popular: ela não pode ser assimilada pela passividade inerte do povo russo, porque ela mesma é uma enérgica reação russa à sua própria inércia histórica.

Em outro campo e em condições muito diferentes de tempo e lugar, este fenômeno russo pode ser comparado ao nascimento da nação americana (Estados Unidos): os imigrantes anglo-saxões são também uma elite intelectual, mas especialmente moral. Naturalmente, queremos dizer dos primeiros imigrantes, dos pioneiros, protagonistas das lutas religiosas e políticas inglesas, derrotados, mas não humilhados nem rebaixados em sua pátria de origem. Eles importam para a América, consigo mesmos, além da energia moral e volitiva, um certo grau de civilização, uma certa fase da evolução histórica europeia, que transplantada em solo virgem americano por tais agentes, continua a desenvolver as forças implícitas em sua natureza, mas a um ritmo incomparavelmente mais rápido do que na velha Europa, onde há toda uma série de freios (morais, intelectuais, políticos, econômicos, incorporados em determinados grupos da população, relíquias de regimes passados que não querem desaparecer) que se opõem a um processo rápido e equilibram na mediocridade qualquer iniciativa, diluindo-a no tempo e no espaço.

Na Inglaterra, o desenvolvimento é muito diferente que na França. O novo agrupamento social, nascido com base no industrialismo moderno, tem um surpreendente desenvolvimento econômico-corporativo, mas prossegue a tatear no campo intelectual-político. Muito vasta a categoria dos intelectuais orgânicos, isto é, nascidos no mesmo terreno industrial do grupo econômico, mas na esfera mais elevada encontramos preservada a posição de quase monopólio da velha classe rural, que perde sua supremacia econômica, mas conserva por muito tempo uma supremacia político-intelectual e é assimilada como "intelectuais tradicionais" e estrato dirigente pelo novo grupo no poder. A velha aristocracia fundiária se une aos industriais com um tipo de sutura que em outros países é precisamente a que une os intelectuais tradicionais às novas classes dominantes.

O fenômeno inglês também ocorreu na Alemanha, complicado por outros elementos históricos e tradicionais. A Alemanha, como a Itália, foi a sede de uma instituição e de uma ideologia universalista e supranacional (Sacro Império Romano da Nação Alemã) e deu uma certa quantidade de pessoal à cosmópole medieval, depauperando suas energias internas e suscitando lutas que desviavam dos problemas de organização nacional e mantinham a desagregação territorial da Idade Média. O desenvolvimento industrial ocorreu sob um invólucro semifeudal que durou até novembro de 1918, e os *junker* mantiveram uma supremacia político-intelectual muito maior do que a do próprio grupo inglês. Eles foram os intelectuais tradicionais dos industriais alemães, mas com privilégios especiais e com uma forte consciência de ser um grupo social independente, baseado no fato de que eles detinham um notável poder econômico sobre a terra, "produtiva" mais do que na Inglaterra. Os *junker* prussianos assemelhavam-se a uma casta sacerdotal-militar, que tem um quase monopólio de funções diretivo-organizativas na sociedade política, mas ao mesmo tempo tem uma base econômica própria e não depende exclusivamente da liberalidade do grupo econômico dominante. Além disso, diferentemente dos nobres agrários ingleses, os *junker* constituíram a oficialidade de um grande exército permanente, o que lhes dava quadros organizativos sólidos, favoráveis à preservação do espírito de grupo e do monopólio político (no livro *Parlamento e Governo na nova ordem da Alemanha* de Max Weber podem ser encontrados muitos elementos para ver como o monopólio político dos nobres impediu a elaboração de um vasto quadro político burguês experiente e esteve na raiz das contínuas crises parlamentares e da desagregação dos partidos liberais e democráticos; daí a importância do Centro Católico e da Social-Democracia, que no período imperial conseguiram elaborar seu próprio estrato parlamentar e diretivo bastante notável).

Nos Estados Unidos deve-se notar a ausência, em certa medida, dos intelectuais tradicionais e, portanto, o diverso equilíbrio dos intelectuais em geral. Houve uma formação maciça na base industrial de todas as superestruturas modernas. A necessidade de um equilíbrio não é dada pelo fato de ser preciso fundir intelectuais orgânicos com intelectuais tradicionais que não existem como uma categoria cristalizada e reacionária, mas pelo fato de ser preciso fundir em um cadinho nacional de cultura unitária diversos tipos de culturas trazidas por imigrantes de várias origens nacionais. A falta de uma vasta sedimentação de intelectuais tradicionais, como ocorreu em países de antiga civilização, explica, em parte, tanto a existência de apenas dois grandes partidos políticos, que de fato poderiam facilmente ser reduzidos a um (cf. com a França não apenas no período pós-guerra, quando a multiplicação de partidos se tornou um fenômeno geral), como, por outro lado, a multiplicação ilimitada de seitas religiosas (acho que mais de 200 foram catalogadas; cf. com a França e as lutas ferozes sustentadas para manter a unidade religiosa e moral do povo francês).

Uma manifestação interessante ainda não estudada nos Estados Unidos é a formação de um número surpreendente de intelectuais negros, que absorvem a cultura e a técnica americana. Pode-se pensar na influência indireta que esses intelectuais negros podem exercer sobre as massas atrasadas da África e na influência direta se uma dessas hipóteses ocorresse: 1) que o expansionismo americano se sirva, como seus agentes, dos negros nacionais para conquistar os mercados africanos e estender ali seu próprio tipo de civilização (algo semelhante já aconteceu, mas ignoro em qual medida); 2) que as lutas pela unificação do povo americano seriam exacerbadas de tal forma que resultariam no êxodo dos negros e no retorno à África dos elementos intelectuais mais independentes e enérgicos e, portanto, menos propensos a submeter-se a uma possível legislação ainda mais humilhante do que o costume atualmente difundido. Nasceriam duas questões fundamentais: 1) da língua, isto é, o inglês poderia tornar-se a língua culta da África, unificando a existente poeira dos dialetos? 2) se esse estrato intelectual poderia ter a capacidade de assimilação e organização na medida necessária que tornasse "nacional" o atual sentimento primitivo de raça desprezada, elevando o continente africano ao mito e à função de pátria comum de todos os negros. Parece-me que, por enquanto, os negros da América devem ter um espírito de raça e nacional mais negativo que positivo, isto é, suscitado pela luta que os brancos travam para isolá-los e rebaixá-los: mas não foi este o caso dos judeus até todo o 1700? A Libéria já americanizada e com uma língua oficial inglesa poderia se tornar a Sião dos negros americanos, com tendência a colocar-se como o Piemonte africano.

Na América do Sul e Central a questão dos intelectuais ao que me parece deve ser examinada à luz destas condições fundamentais: também na América do Sul e Central não existe uma grande categoria de intelectuais tradicionais, mas a realidade não se apresenta nos mesmos termos que nos Estados Unidos. De fato, encontramos na base do desenvolvimento desses países os quadros da civilização espanhola e portuguesa dos 500 e 600, caracterizada pela contrarreforma e pelo militarismo parasitário. As cristalizações ainda resistentes nestes países são o clero e uma casta militar, duas categorias de intelectuais tradicionais fossilizados na forma da mãe-pátria europeia. A base industrial é muito restrita e não desenvolveu superestruturas complexas: o maior número de intelectuais é de tipo rural, e uma vez que domina o latifúndio, com extensas propriedades eclesiásticas, esses intelectuais estão vinculados ao clero e aos grandes proprietários. A composição nacional também é muito desequilibrada mesmo entre os brancos, mas se complica ainda mais pelas massas consideráveis de índios que em alguns países são a maioria da população. Pode-se dizer em geral que nessas regiões americanas ainda existe uma situação como a *Kulturkampf* e do processo

Dreyfus, ou seja, uma situação em que o elemento laico e burguês ainda não chegou ao estágio de subordinação dos interesses e da influência clerical e militarista à política laica do Estado moderno. Assim, em oposição ao jesuitismo tinham ainda muita influência a maçonaria e o tipo de organização cultural como a "Igreja Positivista". Os eventos dos últimos tempos (novembro de 1930), desde o *Kulturkampf* de Calles, no México, às insurreições militar-populares na Argentina, Brasil, Peru, Chile e Bolívia, demonstram precisamente a exatidão dessas observações.

Outros tipos de formação das categorias intelectuais e das suas relações com as forças nacionais podem ser encontrados na Índia, na China e no Japão. No Japão, temos uma formação do tipo inglês e alemão, ou seja, de uma civilização industrial que se desenvolve dentro de um invólucro feudal-burocrático com características próprias inconfundíveis.

Na China há o fenômeno da escrita, uma expressão da separação completa dos intelectuais do povo. Na Índia e na China a enorme distância entre os intelectuais e o povo manifesta-se no campo religioso. O problema das diferentes crenças e das diferentes maneiras de conceber e praticar a mesma religião entre os diferentes estratos da sociedade, mas especialmente entre o clero e os intelectuais e o povo deveria ser estudado em geral, porque se manifesta por toda parte em certo grau, embora nos países da Ásia oriental tenha as manifestações mais extremas. Nos países protestantes a diferença é relativamente pequena (a multiplicação das seitas está ligada à necessidade de uma sutura completa entre intelectuais e povo, o que reproduz na esfera da organização superior toda a escabrosidade da concepção real das massas populares). É muito considerável nos países católicos, mas em diferentes graus: menor na Alemanha Católica e na França, maior na Itália, especialmente no Sul e nas Ilhas; imensa na Península Ibérica e nos países da América Latina. O fenômeno aumenta em magnitude nos países ortodoxos, onde se deve falar de três graus da mesma religião: a do alto clero e dos monges, a do clero secular e a do povo. O problema torna-se absurdo na Ásia Oriental, onde a religião do povo muitas vezes nada tem a ver com a dos livros, embora as duas recebam o mesmo nome.

Aspectos diversos da questão dos intelectuais, além dos acima mencionados. É necessário fazer um levantamento orgânico, sistemático e argumentado. Registro das atividades de caráter predominantemente intelectual. Instituições ligadas à atividade cultural. Método e problemas de método de trabalho intelectual e cultural, tanto criativo quanto de divulgação. Escola, academia, círculos de diferentes tipos como instituições de elaboração colegiada da vida cultural. Revistas e jornais como meio de organização e difusão de certos tipos de cultura.

Pode-se observar em geral que na civilização moderna todas as atividades práticas se tornaram tão complexas e as ciências tão entrelaçadas com a vida que toda atividade prática tende a criar uma escola para seus dirigentes e especialistas e, portanto, a criar um grupo de especialistas intelectuais de grau superior para ensinar nessas escolas. Assim, ao lado do tipo de escola que se poderia chamar de "humanista", e que é o tipo tradicional mais antigo, e que visava desenvolver em cada indivíduo humano a cultura geral ainda indiferenciada, a potência fundamental de pensar e de saber dirigir-se na vida, foi-se criando todo um sistema de escolas particulares de vários graus, para inteiros ramos profissionais ou para profissões já especializadas e indicadas com precisa individualização. Pode-se até mesmo dizer que a crise escolar que hoje grassa está precisamente ligada ao fato de que este processo de diferenciação e particularização ocorre de forma caótica, sem princípios claros e precisos, sem um plano bem estudado e conscientemente fixado: a crise do programa e da organização escolar, ou seja, da direção geral de uma política de formação de modernos quadros intelectuais, é em grande parte um aspecto e uma complicação da crise orgânica mais abrangente e geral. A divisão fundamental da escola em clássica e profissional era um esquema racional: a escola profissional para as classes instrumentais, a escola clássica para as classes dominantes e para os intelectuais. O desenvolvimento da base industrial tanto na cidade como no campo tinha uma necessidade crescente do novo tipo de intelectual urbano: desenvolveu-se ao lado da escola clássica aquela técnica (profissional mas não manual), o que pôs em questão o próprio princípio da direção concreta da cultura geral, da direção humanista da cultura geral fundada na tradição greco-romana. Esta direção, uma vez posta em discussão, pode ser considerada condenada, porque sua capacidade formativa se baseava em grande parte no prestígio geral, e tradicionalmente indiscutível, de uma determinada forma de civilização.

Hoje a tendência é abolir todo tipo de escola "desinteressada" (não imediatamente interessada) e "formativa" ou deixar apenas uma amostra reduzida para uma pequena elite de senhores e mulheres que não precisam pensar em preparar-se para um futuro profissional e difundir cada vez mais escolas profissionais especializadas nas quais o destino do estudante e sua atividade futura são predeterminados. A crise terá uma solução que racionalmente deveria seguir esta linha: escola única inicial de cultura geral, humanista, formativa, que harmonize com justa dose o desenvolvimento da capacidade de trabalhar manualmente (tecnicamente, industrialmente) e o desenvolvimento das capacidades do trabalho intelectual. Deste tipo de escola única, por intermédio de repetidas experiências de orientação profissional, passa-se para uma das escolas especializadas ou ao trabalho produtivo.

É preciso ter presente a tendência em desenvolvimento pela qual toda atividade prática tende a criar uma sua escola especializada, assim como toda atividade intelectual tende a criar seus próprios círculos de cultura, que assumem a função de instituições pós-escolares especializadas na organização das condições nas quais é possível acompanhar os progressos que ocorrem em seu próprio ramo científico. Também pode ser observado que cada vez mais órgãos deliberativos tendem a distinguir sua atividade em dois aspectos "orgânicos", aquela deliberativa que é essencial para eles e aquela técnico-cultural pela qual as questões sobre as quais devem ser tomadas decisões são primeiramente examinadas por especialistas e analisadas cientificamente. Esta atividade já criou todo um corpo burocrático de uma nova estrutura, porque além dos escritórios especializados de competentes que preparam o material técnico para os órgãos deliberativos, é criado um segundo corpo de funcionários, mais ou menos "voluntários" e desinteressados, escolhidos de tempos em tempos na indústria, nos bancos, nas finanças. Este é um dos mecanismos através dos quais a burocracia de carreira chegou a controlar os regimes democráticos e os parlamentos; agora o mecanismo está se ampliando organicamente e absorve em seu círculo os grandes especialistas da prática privada, que assim controlam tanto os regimes quanto a burocracia. Uma vez que se trata de um desenvolvimento orgânico necessário que tende a integrar o pessoal especializado na técnica política com pessoal especializado nas questões concretas de administração das atividades práticas essenciais das grandes e complexas sociedades nacionais modernas, toda tentativa de exorcizar de fora estas tendências não produz nada além de sermões moralistas e gemidos retóricos. Coloca-se a questão de modificar a preparação do pessoal técnico político, integrando sua cultura de acordo com as novas necessidades, e de elaborar novos tipos de funcionários especializados que colegiadamente integram a atividade deliberativa. O tipo tradicional de "dirigente" político, preparado apenas para atividades jurídico-formais, torna-se anacrônico e representa um perigo para a vida estatal: o dirigente deve ter aquele mínimo de cultura técnica geral que lhe permita, se não "criar" a solução certa de forma autônoma, poder julgar entre as soluções propostas pelos especialistas e, portanto, escolher a justa do ponto de vista "sintético" da técnica política. Um tipo de colegiado deliberativo que procura incorporar a competência técnica necessária para operar de forma realista foi descrito em outro lugar, onde se fala o que acontece em certas redações de revistas, que funcionam ao mesmo tempo como redações e como círculos de cultura. O círculo critica colegiadamente e contribui assim para elaborar os trabalhos de cada editor, cuja produção é organizada de acordo com um plano e uma divisão do trabalho racionalmente preestabelecida. Por meio da discussão e da crítica colegiada (feita de sugestões, conselhos, indicações metodológicas, crítica construtiva e voltada para a educação recíproca) em que cada um funciona como especialista em seu próprio assunto a fim de integrar a competência coletiva, se consegue elevar o nível médio de cada redator, alcançar a altura ou a capacidade do mais preparado, assegurando à revista uma colaboração cada vez mais selecionada e orgânica, não apenas, mas criando as condições para o surgimento de um grupo homogêneo de intelectuais preparado para produzir uma atividade "editorial" regular e metódica (não apenas de publicações ocasionais e ensaios parciais, mas de obras orgânicas como um todo). Sem dúvida, neste tipo de atividades coletivas, cada trabalho produz novas capacidades e possibilidades de trabalho, já que cria cada vez mais orgânicas condições de trabalho: fichários, revisões bibliográficas, coleção de obras fundamentais especializadas etc. Uma luta rigorosa é exigida contra os hábitos de amadorismo, improvisação, soluções "oratórias" e declamatórias. O trabalho deve ser feito especialmente por escrito, assim como por escrito devem ser feitas as críticas, em notas breves e sucintas, o que pode ser obtido distribuindo em tempo o material etc.; a escrita de notas e críticas é um princípio didático tornado obrigatório pela necessidade de combater os hábitos de prolixidade, declamação e paralogismo criados pela oratória. Este tipo de trabalho intelectual é necessário para que os autodidatas adquiram a disciplina dos estudos que visa uma carreira escolar regular, para taylorizar o trabalho intelectual. Assim, é útil o princípio dos "anciãos de Santa Zita" mencionado por De Sanctis em suas recordações sobre a escola napolitana de Basílio Puoti: ou seja, é útil uma certa "estratificação" das capacidades e atitudes e a formação de grupos de trabalho sob a orientação dos mais experientes e desenvolvidos, que acelerem a preparação dos mais atrasados e incultos.

Um ponto importante no estudo da organização prática da escola unitária é o que diz respeito à carreira escolar em seus diversos graus de acordo com a idade e o desenvolvimento intelectual-moral dos alunos e com os fins que a própria escola deseja atingir. A escola unitária ou de formação humanista (este termo de humanismo sendo entendido em sentido amplo e não apenas no sentido tradicional) ou de cultura geral, deveria ter como objetivo introduzir os jovens na atividade social depois de tê-los levado a um certo grau de maturidade e capacidade de criação intelectual e prática e de autonomia na orientação e na iniciativa. A fixação da idade escolar obrigatória depende das condições econômicas gerais, uma vez que estas podem obrigar a demandar aos jovens e aos garotos uma certa contribuição produtiva imediata. A escola unitária requer que o Estado possa assumir as despesas que hoje estão a cargo da família para a manutenção dos estudantes, isto é, transforma o orçamento do Ministério da Educação nacional de cima a baixo, ampliando-o de forma sem precedentes e tornando-o mais complexo: toda a função da educação e formação das novas gerações torna-se pública e não privada, pois somente desta forma pode envolver todas as gerações sem divisões de grupos ou castas. Mas esta transformação da atividade escolar exige uma ampliação sem precedentes da organização prática da escola, isto é, dos edifícios, do material científico, do corpo docente etc. O corpo docente especialmente deve ser aumentado, a fim de melhorar a qualidade da educação das novas gerações. O corpo docente deveria ser especialmente ampliado, pois a eficiência da escola é tanto maior e mais intensa quanto menor a relação entre professor e alunos, o que coloca outros problemas não fáceis e rápidos de resolver. Mesmo a questão dos edifícios não é fácil, pois este tipo de escola deveria ser uma escola-colégio, com dormitórios, refeitórios, bibliotecas especializadas, salas adequadas para o trabalho em seminários etc. Portanto, inicialmente o novo tipo de escola deverá e não pode deixar de ser adequado a pequenos grupos, de jovens escolhidos por concurso ou indicados sob sua responsabilidade por instituições idôneas. A escola unitária deveria corresponder ao período hoje representado pelas escolas primárias e médias, reorganizadas não apenas em termos de conteúdo e método de ensino, mas também em termos da disposição dos vários graus da carreira escolar. O primeiro grau elementar não deveria ser superior a três ou quatro anos e, além de ensinar as primeiras noções "instrumentais" da educação – leitura, escrita, aritmética, geografia, história – deveria especialmente desenvolver a parte que hoje é negligenciada de "direitos e deveres", ou seja, as primeiras noções do Estado e da sociedade, como elementos primordiais de uma nova concepção do mundo que entra em luta contra as concepções dadas pelos diversos ambientes sociais tradicionais, ou seja, as concepções que podem ser chamadas de folclóricas. O problema didático a ser resolvido é o de temperar e enriquecer a orientação dogmática que não pode deixar de ser oportuna a estes primeiros anos. O resto do curso não deveria durar mais de seis anos, de modo que aos 15-16 anos de idade se possa completar todos os graus da escola unitária. Pode-se objetar que tal curso é muito extenuante pela sua rapidez, se quisermos realmente alcançar os resultados que a organização atual da escola clássica propõe, mas não consegue. Pode-se dizer, entretanto, que o conjunto da nova organização terá que conter em si mesmo os elementos gerais devido aos quais hoje, pelo menos para uma parte dos alunos, o curso é muito lento. Quais são estes elementos? Em várias famílias, especialmente dos estratos intelectuais, os jovens encontram na vida familiar uma preparação, uma extensão e uma integração da vida escolar, absorvem, como se diz, do "ar" toda uma quantidade de noções e atitudes que facilitam a carreira escolar propriamente dita: eles já conhecem e desenvolvem o conhecimento da língua literária, isto é, o meio de expressão e conhecimento, tecnicamente superior aos meios possuídos pela média da população escolar de 6 a 12 anos de idade. Assim, os alunos da cidade, pelo simples fato de viverem na cidade, absorveram antes mesmo dos 6 anos de idade uma quantidade de noções e aptidões que tornam sua carreira escolar mais fácil, mais frutuosa e mais rápida. No âmago da organização da escola unitária devem ser criadas, pelo menos, as principais destas condições, além do fato, pressuposto, que paralelamente à escola unitária se desenvolve uma rede de jardins de infância e outras instituições nas quais, mesmo antes da idade escolar, as crianças sejam acostumadas a uma certa disciplina coletiva e adquiram noções e aptidões pré-escolares. De fato, a escola unitária deveria ser organizada como colégio, com vida coletiva diurna e noturna, libertada das atuais formas de disciplina hipócrita e mecânica, e o estudo deveria ser feito coletivamente, com a assistência dos professores e dos melhores alunos, mesmo nas horas de aplicação chamada de individual etc.

O problema fundamental surge para aquela fase da atual carreira escolar que hoje é representada pelo liceu e que hoje não difere em nada, como um tipo de ensino, das turmas anteriores, a não ser pela suposição abstrata de uma maior maturidade intelectual e moral do aluno em conformidade com sua maior idade e com a experiência anteriormente acumulada. De fato, entre o liceu e a universidade, ou seja, entre a escola propriamente dita e a vida, há um salto, uma verdadeira solução de continuidade, não uma passagem racional da quantidade (idade) para a qualidade (maturidade intelectual e moral). Do ensino quase puramente dogmático, no qual a memória desempenha um grande papel, passa-se à fase criativa ou de trabalho autônomo e independente; da escola com disciplina de estudo imposta e controlada autoritariamente passa-se a uma fase de estudo ou trabalho profissional na qual a autodisciplina intelectual e a autonomia moral são teoricamente ilimitadas. E isto acontece imediatamente após a crise da puberdade, quando a fúria das paixões instintivas e elementares ainda não terminou de lutar contra os freios do caráter e da consciência moral em formação. Na Itália então, onde nas universidades não é difundido o princípio do trabalho de "seminário", a passagem é ainda mais brusca e mecânica.

É por isso que na escola unitária a última fase deve ser concebida e organizada como a fase decisiva na qual há uma tendência a criar os valores fundamentais do "humanismo", a autodisciplina intelectual e a autonomia moral necessárias para uma posterior especialização seja de natureza científica (estudos universitários) ou de natureza imediatamente prático-produtiva (indústria, burocracia, organização do comércio etc.). O estudo e a aprendizagem de métodos criativos na ciência e na vida devem começar nesta última fase da escola e não mais ser um monopólio da Universidade ou ser deixados ao acaso da vida prática: esta fase escolar já deve contribuir para o desenvolvimento do elemento de responsabilidade autônoma nos indivíduos, ser uma escola criativa (deve ser feita uma distinção entre escola criativa e escola ativa, também na forma dada pelo método Dalton. Toda a escola unitária é uma escola ativa, embora seja necessário estabelecer limites às ideologias libertárias neste campo e reivindicar com alguma energia o dever das gerações adultas, ou seja, do Estado, de "conformar" as novas gerações. Ainda estamos na fase romântica da escola ativa, na qual os elementos da luta contra a escola mecânica e jesuítica foram morbidamente ampliados por razões de contraste e controvérsia: é necessário entrar na fase "clássica", racional, encontrar nos fins a serem alcançados a fonte natural para a elaboração de métodos e formas. A escola criativa é o coroamento da escola ativa: na primeira fase há uma tendência a disciplinar, portanto, também a nivelar, a obter um certo tipo de "conformismo" que pode ser chamado de "dinâmico"; na fase criativa, sobre o fundamento alcançado de "coletivização" do tipo social, há uma tendência a expandir a personalidade, que se tornou autônoma e responsável, mas com uma consciência moral e social sólida e homogênea. Assim, escola criativa não significa uma escola de "inventores e descobridores"; ela indica uma fase e um método de pesquisa e conhecimento, e não um "programa" predeterminado com a obrigação da originalidade e da inovação a todo custo. Indica que o aprendizado ocorre especialmente por um esforço espontâneo e autônomo do discente, e no qual o professor exerce apenas uma função de orientação amigável, como acontece ou deveria acontecer na universidade. Descobrir por si mesmo, sem sugestões e ajuda externa, uma verdade é criação, mesmo que a verdade seja antiga, e demonstra posse do método; indica que em todos os sentidos se entrou no estágio de maturidade intelectual em que novas verdades podem ser descobertas. Assim, nesta etapa, a atividade escolar fundamental será realizada em seminários, bibliotecas e laboratórios experimentais; nela serão reunidas as indicações orgânicas para a orientação profissional).

O advento da escola unitária significa o início de novas relações entre trabalho intelectual e industrial não apenas na escola, mas em toda a vida social. O princípio unitário será, portanto, refletido em todos os organismos de cultura, transformando-os e dando-lhes um novo conteúdo. Problema da nova função que as universidades e academias poderão assumir. Hoje estas duas instituições são independentes uma da outra e as academias são o símbolo, muitas vezes justamente ridicularizado, da distância entre a alta cultura e a vida, entre os intelectuais e o povo (daí aquele certo sucesso que os futuristas tiveram em seu primeiro período de *Sturm und Drang* antiacadêmico, antitradicionalista etc.). Em uma nova situação de relações entre vida e cultura, entre trabalho intelectual e trabalho industrial, as academias deveriam se tornar a organização cultural (de sistematização, expansão e criação intelectual) daqueles elementos que após a escola unitária passarão para o trabalho profissional, e um ponto de encontro entre eles e os estudantes universitários. Os elementos sociais empregados no trabalho profissional não devem cair na passividade intelectual, mas devem ter à sua disposição (por iniciativa coletiva e não por indivíduos, como função social orgânica reconhecida de necessidade e utilidade pública) institutos especializados em todos os ramos de pesquisa e trabalho científico, nos quais poderão colaborar e nos quais encontrarão todas as ajudas necessárias para cada forma de atividade cultural que pretendam empreender. A organização acadêmica "terá que ser" reorganizada e revitalizada de cima a baixo. Territorialmente, terá uma centralização de competência e especialização: centros nacionais que agregarão as grandes instituições existentes, seções regionais e provinciais e círculos locais urbanos e rurais. Ela será seccionada por competência científico-cultural, sendo todas elas representadas nos centros superiores, mas apenas parcialmente nos círculos locais. Unificar os vários tipos de organizações culturais existentes: academias, institutos de cultura, círculos filológicos etc., integrando o trabalho acadêmico tradicional, que se expressa principalmente na disposição do conhecimento passado ou procurando fixar uma média do pensamento nacional como guia para a atividade intelectual, com atividades relacionadas à vida coletiva, ao mundo da produção e do trabalho. Serão controladas as conferências industriais, a atividade da organização científica do trabalho, os laboratórios experimentais nas fábricas etc. Um mecanismo será construído para selecionar e desenvolver as habilidades individuais da massa popular, que são sacrificadas e se perdem em erros e tentativas sem saída. Cada círculo local deveria necessariamente ter sua seção de ciências morais e políticas, e irá gradualmente organizar as outras seções especiais para discutir os aspectos técnicos dos problemas industriais, agrários, de organização e racionalização do trabalho, de fábrica, agrícola, burocrático etc. Congressos periódicos de diferentes graus darão a conhecer os mais capazes.

Seria útil ter uma lista completa das academias e outras organizações culturais que existem hoje e dos assuntos que são predominantemente tratados em seus trabalhos e publicados em seus anais: em sua maioria são cemitérios de cultura, mesmo que tenham uma função na psicologia da classe dominante.

A colaboração entre esses organismos e as universidades deveria ser estreita, assim como com todas as escolas superiores especializadas de todos os tipos (militares, navais etc.). O objetivo é conseguir uma centralização e um impulso da cultura nacional que sejam superiores aos da igreja católica.

(Este esquema de organização do trabalho cultural de acordo com os princípios gerais da escola unitária deveria ser desenvolvido cuidadosamente em todas as suas partes e servir de guia na constituição até mesmo do mais elementar e primitivo centro de cultura, que deveria ser concebido como um embrião e uma molécula de toda a estrutura mais maciça. Mesmo as iniciativas que são conhecidas como transitórias e experimentais deveriam ser concebidas como capazes de serem absorvidas pelo esquema geral e ao mesmo tempo como elementos vitais que tendem a criar todo o esquema. Estudar cuidadosamente a organização e o desenvolvimento do Rotary Club).

[Cf. *Caderno 4 (XIII)*, p. 11-19, 19-21 bis.]

§ 2. *Observações sobre a escola: para a investigação do princípio educativo*. A fratura determinada pela reforma Gentile entre a escola primária e média, por um lado, e a superior, por outro. Antes da reforma, uma fratura semelhante existia apenas de uma forma muito marcada entre a escola profissionalizante, por um lado, e a escola média e superior, por outro: a escola primária era colocada em uma espécie de limbo, por algumas de suas características particulares.

Nas escolas primárias, dois elementos se prestavam à educação e formação das crianças: as primeiras noções de ciências naturais e as noções de direitos e deveres do cidadão. As noções científicas deveriam servir para introduzir a criança na "*societas rerum*", os direitos e deveres na vida estatal e na sociedade civil. As noções científicas entravam em conflito com a concepção mágica do mundo e da natureza que a criança absorve do ambiente impregnado de folclore, assim como as noções de direitos e deveres entram em conflito com as tendências à barbárie individualista e localista, que é também um aspecto do folclore. A escola com seu ensino luta contra o folclore, com todas as sedimentações tradicionais das concepções de mundo, a fim de difundir uma concepção mais moderna, cujos elementos primitivos e fundamentais são dados pelo aprendizado da existência das leis da natureza como algo objetivo e rebelde ao qual é preciso se adaptar para dominá-los, e das leis civis e estatais que são um produto de uma atividade humana, que são estabelecidos pelo homem e podem ser mudados para fins de seu desenvolvimento coletivo; as leis civis e estatais ordenam os homens no modo historicamente mais conforme a dominar as leis da natureza, ou seja, para facilitar seu trabalho, que é o modo próprio do homem de participar ativamente da vida da natureza a fim de transformá-la e socializá-la cada vez mais profunda e extensivamente. Pode ser dito, portanto, que o princípio educativo no qual se baseavam as escolas primárias era o conceito de trabalho, que não pode realizar-se em todo seu poder de expansão e produtividade sem um conhecimento exato e realista das leis naturais e sem uma ordem legal que regule organicamente a vida dos homens entre si, uma ordem que deve ser respeitada por convicção espontânea e não apenas por imposição externa, por necessidade reconhecida e proposta a si mesmos como liberdade e não por mera coerção. O conceito e o fato do trabalho (da atividade teórico-prática) é o princípio educativo imanente na escola primária, uma vez que a ordem social e estatal (direitos e deveres) é introduzida e identificada na ordem natural pelo trabalho. O conceito de equilíbrio entre a ordem social e a ordem natural com base no trabalho, da atividade teórico-prática do homem, cria os primeiros elementos de uma intuição do mundo, liberta de toda magia e feitiçaria, e dá a base para o desenvolvimento posterior de uma concepção histórica, dialética, do mundo, para compreender o movimento e o devir, para estimar a soma de esforços e sacrifícios que o presente custou ao passado e que o futuro custa ao presente, para conceber a atualidade como uma síntese do passado, de todas as gerações passadas, que se projeta no futuro. É este o fundamento da escola primária; que isso tenha dado todos os seus frutos, que no corpo dos professores tenha havido a consciência de seu dever e do conteúdo filosófico desse dever, é uma outra questão, ligada à crítica do grau de consciência civil de toda a nação, da qual o corpo docente era apenas uma expressão, ainda que amesquinhada, e não certamente uma vanguarda.

Não é completamente exato que a instrução não seja também educação: ter insistido demais nesta distinção foi um grave erro da pedagogia idealista e já se podem ver os efeitos da mesma na escola reorganizada por esta pedagogia. Para que a instrução não fosse também educação o discente teria que ser um mero passivo, um "recipiente mecânico" de noções abstratas, o que é absurdo e de resto vem "abstratamente" negado pelos defensores da educatividade pura precisamente contra a mera instrução mecanicista. O "certo" torna-se "verdadeiro" na consciência da criança. Mas a consciência da criança não é algo de "individual" (muito menos individualizado), é o reflexo da fração da sociedade civil na qual a criança participa das relações sociais que se constituem na família, no bairro, na aldeia etc. A consciência individual da grande maioria das crianças reflete relações civis e culturais diversas e antagônicas com aquelas representadas pelo currículo escolar: o "certo" de uma cultura avançada torna-se "verdadeiro" nos quadros de uma cultura fossilizada e anacrônica, não há unidade entre escola e vida, e por isso não existe unidade entre instrução e educação. Por isso, pode ser dito que na escola o nexo instrução-educação só pode ser representado pelo trabalho vivo do professor, na medida em que o professor é consciente dos contrastes entre o tipo de sociedade e cultura que ele representa e o tipo de sociedade e cultura representado pelos alunos; e é consciente de sua tarefa, que consiste em acelerar e disciplinar a formação da criança em conformidade com o tipo superior em luta com o tipo inferior. Se o corpo docente é deficiente e o nexo instrução-educação é dissolvido a fim de resolver a questão do ensino de acordo com esquemas livrescos em que a educatividade é exaltada, a obra do professor será ainda mais deficiente: haverá uma escola retórica, sem seriedade, porque lhe faltará a substância material do certo, e o verdadeiro será verdadeiro em palavras, somente retórica. A degeneração pode ser vista ainda mais claramente na escola média, nos cursos de literatura e filosofia. Antes os estudantes pelo menos formavam uma certa bagagem ou provisão (de acordo com o gosto) de noções concretas: agora que o professor deve ser especialmente um filósofo e um esteta, o aluno negligencia noções concretas e "enche sua cabeça" com fórmulas e palavras que não fazem sentido para ele, na maioria das vezes, e que logo são esquecidas. A luta contra a velha escola era justa, mas a reforma não foi tão simples quanto parecia; não se tratava de esquemas programáticos, mas de homens, e não dos homens que imediatamente são professores, mas de todo o complexo social do qual os homens são expressão. Na realidade, um professor medíocre pode conseguir que seus alunos se tornem mais *instruídos*, não terá sucesso em obter que sejam mais cultos; ele desenvolverá com escrúpulo e consciência burocrática a parte mecânica da escola, e o aluno, se for um cérebro ativo, organizará por sua conta, e com a ajuda de seu ambiente social, a "bagagem" acumulada. Com os novos programas, que coincidem com um rebaixamento geral do nível do corpo docente, não haverá nenhuma "bagagem" a ser organizada. Os novos programas deveriam ter abolido completamente os exames; prestar um exame, agora, deve ser muito mais um "jogo de azar" do que costumava ser. Uma data é sempre uma data, seja qual for o professor examinador, e uma "definição" é sempre uma definição; mas um julgamento, uma análise estética ou filosófica?

A eficácia educativa da velha escola média italiana, como a havia organizado a velha lei Casati, não devia ser procurada (ou negada) na vontade expressa de ser ou não ser uma escola educativa, mas no fato que sua organização e seus programas eram a expressão de uma forma tradicional de vida intelectual e moral, de um clima cultural difundido em toda a sociedade italiana por uma antiquíssima tradição. Que tal clima e tal modo de vida entraram em agonia e que a escola se distanciou da vida, determinou a crise da escola. Criticar os programas e a organização disciplinar da escola quer dizer menos do que nada, se não se levar em conta estas condições. Assim, voltamos à participação verdadeiramente ativa do aluno na escola, que só pode existir se a escola estiver ligada à vida. Os novos programas, quanto mais afirmam e teorizam sobre a atividade do discente, e sua colaboração ativa com o trabalho do professor, e tanto mais são dispostos como se o discente fosse uma mera passividade. Na velha escola, o estudo gramatical das línguas latina e grega, combinado com o estudo das respectivas literaturas e histórias políticas, era um princípio educativo na medida em que o ideal humanista, personificado em Atenas e Roma, era difundido em toda a sociedade, era um elemento essencial da vida e da cultura nacionais. Mesmo a forma mecânica do estudo gramatical era iniciada a partir desta perspectiva cultural. As noções singulares não eram aprendidas para um propósito prático-profissional imediato: este parecia desinteressado, porque o interesse era o desenvolvimento interior da personalidade, a formação de caráter através da absorção e assimilação de todo o passado cultural da civilização europeia moderna. Não se aprendia o latim e o grego para falá-los, para operar como garçons, intérpretes, correspondentes comerciais. Aprendia-se para conhecer diretamente a civilização dos dois povos, pressuposto necessário para a civilização moderna, isto é, para ser si mesmos e conhecer-se a si mesmos conscientemente. As línguas latina e grega eram aprendidas de acordo com a gramática, mecanicamente; mas há muita injustiça e impropriedade na acusação de mecanicidade e de aridez. Lida-se com adolescentes que precisam contrair certos hábitos de diligência, de exatidão, até mesmo compostura física, de concentração psíquica em certos assuntos que não podem ser adquiridos sem uma repetição mecânica de atos disciplinados e metódicos. Um estudioso de 40 anos de idade seria capaz de sentar-se à sua mesa por 16 horas seguidas se desde criança não tivesse forçadamente, por coerção mecânica, adquirido os hábitos psicofísicos apropriados? Se quisermos selecionar grandes cientistas, tem que começar a partir ainda desse ponto e deve-se pressionar toda a área escolar para conseguir fazer com que surjam os milhares ou centenas ou apenas dezenas de estudiosos de grande fibra, dos quais toda civilização precisa (embora muito possa ser melhorado neste campo, com a ajuda dos subsídios científicos adequados, sem retornar aos métodos escolares dos jesuítas).

Aprende-se o latim (ou melhor, estuda-se o latim), analisa-se esta língua até mesmo nos seus componentes mais elementares, analisa-se como uma coisa morta, é verdade, mas qualquer análise feita por uma criança só pode ser sobre coisas mortas: por um lado, não se deve esquecer que onde este estudo ocorre, nestas formas, a vida dos romanos é um mito que, em certa medida, já interessou à criança e o interessa, de modo que no morto está sempre presente um grande ser vivo. E mais: a língua é morta, é analisada como uma coisa inerte, como um cadáver sobre a mesa anatômica, mas revive sempre nos exemplos, nas narrações. Pode-se fazer o mesmo estudo com o italiano?

Impossível: nenhuma língua viva poderia ser estudada como o latim: seria e *pareceria* absurdo. Nenhuma das crianças conhece latim quando começam o estudo com aquele método analítico. Uma língua viva poderia ser conhecida e seria suficiente que uma única criança a conhecesse, para quebrar o encanto: todos iriam para a escola Berlitz, imediatamente. O latim se apresenta (assim como o grego) à fantasia como um mito, até mesmo para o professor. O latim não é estudado para aprender latim; o latim, durante muito tempo, por uma tradição cultural-escolar da qual podem ser buscados origem e desenvolvimento, estuda-se como um elemento de um programa escolar ideal, um elemento que resume e satisfaz toda uma série de exigências pedagógicas e psicológicas; é estudado a fim de acostumar as crianças a estudar de uma certa forma, a analisar um corpo histórico que pode ser tratado como um cadáver que continuamente se recompõe em vida, para habituá-las ao raciocínio, a abstrair esquematicamente e ser capazes de passar da abstração para a vida real imediata, para ver em cada fato ou dado o que há de geral e de particular, o conceito e o indivíduo. E o que não significa, educativamente, a comparação contínua entre o latim e a língua que se fala? A distinção e a identificação das palavras e dos conceitos, toda a lógica formal, com as contradições dos opostos e a análise dos distintos, com o movimento histórico do conjunto linguístico, que se modifica no tempo, que tem um devir e não é somente estaticidade. Nos oito anos de ginásio-liceu, estuda-se toda a língua historicamente real, depois de tê-la visto fotografada em um instante abstrato, sob a forma de gramática: estuda-se desde Ennio (e, na verdade, a partir das palavras dos fragmentos das 12 tábuas) até Fedro e os cristãos-latinos: um processo histórico é analisado desde sua ascensão até sua morte no tempo, morte aparente, porque sabe-se que o italiano, com o qual o latim é continuamente comparado, é latim moderno. Estuda-se a gramática de uma determinada época, uma abstração, o vocabulário de um determinado período, mas estuda-se (por comparação) a gramática e o vocabulário de cada determinado autor, e o significado de cada termo em cada "período" [estilístico] determinado: descobre-se assim que a gramática e o vocabulário de Fedro não são as de Cícero, nem as de Plauto, nem as de Lattanzio e Tertulliano, que um mesmo nexo de sons não tem o mesmo significado nos diversos tempos, nos diferentes escritores. O latim e o italiano são continuamente comparados: mas cada palavra é um conceito, uma imagem, que assume nuances diferentes nos tempos, nas pessoas, em cada um das duas línguas comparadas. Estuda-se a história literária, dos livros escritos naquela língua, a história política, as aventuras dos homens que falaram essa língua. Por todo deste complexo orgânico é determinada a educação dos jovens, pelo fato de que mesmo que só materialmente ele tenha percorrido esse itinerário, com aquelas etapas etc. Ele mergulhou na história, adquiriu uma intuição historicista do mundo e da vida, que se torna uma segunda natureza, quase uma espontaneidade, porque não é pedantemente inculcado pela "vontade" extrinsecamente educativa. Este estudo educava sem ter a vontade expressamente declarada, com a mínima intervenção "educativa" do professor: educava porque instruía. Experiências lógicas, artísticas, psicológicas eram feitas sem "refletir sobre elas", sem se olhar continuamente no espelho, e, especialmente, era feita uma grande experiência "sintética", filosófica, de desenvolvimento histórico real.

Isso não significa (e seria inepto pensá-lo) que o latim e o grego, como tais, tenham qualidades intrinsecamente taumatúrgicas no campo educacional. É toda a tradição cultural, que vive também e especialmente fora da escola, que em um determinado ambiente produz tais consequências. Vê-se, por outro lado, como, modificada a intuição tradicional da cultura, a escola entrou em crise e entrou em crise o estudo do latim e do grego.

Será necessário substituir o latim e o grego como fulcro da escola formativa e será substituído, mas não será fácil organizar a nova matéria ou a nova série de matérias em uma ordem didática que dê resultados equivalentes em educação e formação geral da personalidade, partindo da criança até o limiar da escolha profissional. Neste período, de fato, o estudo ou a maior parte do estudo deve ser (ou deve aparecer aos alunos) desinteressado, ou seja, não deve ter objetivos práticos imediatos ou muito imediatos, deve ser formativo, mesmo que "instrutivo", ou seja, rico de noções concretas.

Na escola atual, devido à profunda crise da tradição cultural e da concepção da vida e do homem, está ocorrendo um processo de degeneração progressiva: as escolas de tipo profissional, ou seja, preocupadas em satisfazer interesses práticos imediatos, predominam sobre a escola formativa imediatamente desinteressada. O aspecto mais paradoxal é que este novo tipo de escola aparece e é pregado como democrático, enquanto que, em vez disso, ela não apenas está destinada a perpetuar as diferenças sociais, mas a cristalizá-las em formas chinesas.

A escola tradicional era oligárquica porque destinada à nova geração dos grupos dirigentes, destinada por sua vez a se tornar dirigente: mas não era oligárquica pelo modo de ensino. Não é a aquisição de habilidades de direção, não é a tendência a formar homens superiores que dá a marca social a um tipo de escola. A marca social é dada pelo fato de que cada grupo social tem seu próprio tipo de escola, destinado a perpetuar nestes estratos uma certa função tradicional, dirigente ou instrumental. Se se quer quebrar esta trama, é necessário, portanto, não multiplicar e classificar os tipos de escola profissional, mas criar um único tipo de escola preparatória (primária-média) que conduza o jovem até o limiar da escolha profissional, formando-o neste meio tempo como capaz de pensar, estudar, dirigir ou de controlar quem dirige.

A multiplicação dos tipos de escola profissional tende, portanto, a perpetuar as diferenças tradicionais, mas uma vez que, nessas diferenças, tende a dar origem a estratificações internas, eis que dá a impressão de sua tendência democrática. Trabalhador manual e trabalhador qualificado, por exemplo; camponês e agrimensor ou pequeno agrônomo etc. Mas a tendência democrática, intrinsecamente, não pode significar apenas que um operário manual se torna qualificado, mas que todo "cidadão" pode tornar-se "governante" e que a sociedade o coloca, ainda que "abstratamente", nas condições gerais de poder assim se tornar; a democracia política tende a fazer coincidir os governantes e os governados (no sentido de governo com o consentimento dos governados), assegurando a cada governado o aprendizado gratuito da capacidade e da preparação técnica geral necessária para a finalidade. Mas o tipo de escola que se desenvolve como uma escola para o povo já nem sequer tende a manter mais a ilusão, uma vez que se organiza cada vez mais de modo a estreitar a base do estrato governante tecnicamente preparado em um ambiente social político que restringe ainda mais a "iniciativa privada", no sentido de dar essa capacidade e preparação técnico-política, de modo que se volta de fato às divisões em "ordens" juridicamente fixadas e cristalizadas em vez da superação das divisões em grupos: a multiplicação das escolas profissionais cada vez mais especializadas desde o início da carreira escolar é uma das manifestações mais visíveis desta tendência.

A propósito do dogmatismo e do criticismo-historicismo nas escolas primárias e médias, deve ser notado que a nova pedagogia quis destruir o dogmatismo precisamente no campo da instrução, do aprendizado de noções concretas, ou seja, precisamente no campo em que um certo dogmatismo é praticamente imprescindível e pode ser absorvido e dissolvido somente em todo o ciclo do curso escolar (não se pode ensinar gramática histórica na escola primária e no ginásio), mas depois é forçada a ver a introdução do dogmatismo por excelência no campo do pensamento religioso e implicitamente ver descrita toda a história da filosofia como uma sucessão de loucuras e delírios.

No ensino da filosofia o novo curso pedagógico (pelo menos para aqueles alunos, e eles são a maioria esmagadora, que não recebem ajudas intelectuais fora da escola, na família ou no ambiente familiar, e têm que se formar somente com as indicações que recebem na sala de aula), empobrece o ensino, rebaixa seu nível, praticamente, apesar do fato de que racionalmente pareça belíssimo, de um belíssimo utopismo. A filosofia descritiva tradicional, reforçada por um curso de história da filosofia e pela leitura de um certo número de filósofos, praticamente parece a melhor coisa. A filosofia descritiva e definidora será uma abstração dogmática, como a gramática e a matemática, mas é uma necessidade pedagógica e didática. $1 = 1$ é uma abstração, mas ninguém é levado, portanto, a pensar que 1 mosca é igual a 1 elefante. Mesmo as regras da lógica formal são abstrações do mesmo gênero, elas são como a gramática do pensar normal e ainda assim é necessário estudá-las, pois não são algo inato, mas devem ser adquiridas pelo trabalho e pela reflexão. O novo curso pressupõe que a lógica formal seja algo que você já tem quando pensa, mas não explica como você tenha que adquiri-la, de modo que é praticamente como se a supusesse inata. A lógica formal é como a gramática: ela é assimilada de uma forma "viva", mesmo que o aprendizado tenha sido necessariamente esquemático e abstrato, porque o discente não é um disco de vitrola, não é um recipiente passivamente mecânico, mesmo que a convencionalidade litúrgica dos exames assim às vezes o faça parecer. A relação destes esquemas educacionais com o espírito infantil é sempre ativa e criativa, da mesma forma que ativa e criativa é a relação entre o operário e suas ferramentas de trabalho: um paquímetro é também um conjunto de abstrações, contudo, objetos reais não são produzidos sem calibração, objetos reais que são relações sociais e contêm ideias implícitas. A criança que se digladia com os barbara, baralipton, cansa-se, certamente, e precisa procurar que ela faça o esforço indispensável e não mais, mas também é certo que ela sempre terá que se esforçar para aprender a se obrigar a privações e limitações de movimento físico, ou seja, a se submeter a um treinamento psicofísico. É necessário persuadir muitas pessoas de que o estudo é também um trabalho, e muito cansativo, com seu próprio tirocínio especial, além de intelectual, também muscular-nervoso: é um processo de adaptação, é um hábito adquirido através do esforço, do tédio e até do sofrimento. A participação de massas maiores na escola média traz consigo uma tendência a diminuir a disciplina de estudo, para demandar "facilitações". Muitos até pensam que as dificuldades são artificiais, pois estão acostumados a considerar trabalho e cansaço apenas o trabalho manual. A questão é complexa. Certamente a criança de uma família tradicional de intelectuais supera mais facilmente o processo de adaptação psicofísica; entrando já a primeira vez na sala de aula tem muitos pontos de vantagem sobre seus colegas, ela tem uma orientação já adquirida pelos hábitos familiares: concentra mais facilmente sua atenção, pois tem o hábito da compostura física etc. Da mesma forma, o filho de um operário da cidade sofre menos ao entrar na fábrica do que um garoto camponês ou um jovem camponês já desenvolvido para a vida rural. A dieta alimentar também tem uma importância etc. etc. É por isso que muitas das pessoas pensam que na dificuldade do estudo há um "truque" em seu detrimento (quando elas não pensam que são estúpidos por natureza): elas veem o senhor (e para muitos, especialmente no campo, senhor significa intelectual) realizar com desenvoltura e aparente facilidade o trabalho que custa lágrimas e sangue a seus filhos, e elas pensam que existe um "truque". Em uma nova situação, estas questões podem se tornar muito ásperas e será necessário resistir à tendência de facilitar o que não pode sê-lo sem ser desnaturado. Se se quiser criar um novo estrato de intelectuais, até às mais altas especializações, a partir de um grupo social que tradicionalmente não desenvolveu as aptidões adequadas, haverá de superar dificuldades inauditas.

[Cf. *Caderno 4* (XIII), p. 29-32bis.]

§ 3. Quando se faz uma distinção entre intelectuais e não intelectuais, na verdade, está se referindo apenas à função social imediata da categoria profissional dos intelectuais, ou seja, leva-se em conta a direção na qual é colocado o peso maior da atividade profissional específica, se é na elaboração intelectual ou no esforço muscular-nervoso. Isto significa que se se pode falar de intelectuais, não se pode falar de não intelectuais, porque não intelectuais não existem. Mas a mesma relação entre o esforço de elaboração intelectual-cerebral e o esforço muscular-nervoso nem sempre é igual, portanto, existem diversos graus de atividade específica intelectual. Não há atividade humana da qual se possa excluir toda intervenção intelectual, não se pode separar o *homo faber* do *homo sapiens*. Todo homem, afinal, fora de sua profissão, realiza algum tipo de atividade intelectual, ou seja, ele é um "filósofo", um artista, um homem de gosto, participa de uma concepção do mundo, tem uma linha consciente de conduta moral, e assim contribui para manter ou modificar uma concepção do mundo, ou seja, para despertar novas formas de pensar. O problema de criar um novo estrato intelectual consiste, portanto, em elaborar criticamente a atividade intelectual que em cada um existe com certo grau de desenvolvimento, modificando a sua relação com o esforço muscular-nervoso em direção a um novo equilíbrio e obtendo que o próprio esforço muscular-nervoso, como elemento de uma atividade prática geral, que inova perpetuamente o mundo físico e social, torne-se o fundamento de uma nova e integral concepção do mundo. O tipo tradicional e vulgarizado do intelectual é tido como o literato, o filósofo, o artista. Portanto, os jornalistas, que pensam que são literatos, filósofos, artistas, também acreditam que são os "verdadeiros" intelectuais. No mundo moderno a educação técnica, estreitamente ligada até mesmo ao trabalho industrial mais primitivo ou desqualificado, deve formar a base do novo tipo de intelectual. Sobre esta base trabalhou o *"Ordine Nuovo"* semanal para desenvolver certas formas de novo intelectualismo e para determinar os novos conceitos, e esta não foi uma das razões menores para seu sucesso, porque tal abordagem correspondia às aspirações latentes e estava em conformidade com o desenvolvimento das formas reais de vida. O modo de ser do novo intelectual não pode mais consistir na eloquência, motor exterior e momentâneo dos afetos e das paixões, mas em imiscuir-se ativamente com a vida prática, como construtor, organizador, "persuasor permanentemente" porque não é puro orador – e todavia superior ao espírito abstrato matemático; da técnica – trabalho chega à técnica – ciência e à concepção humanista histórica, sem a qual permanece "especialista" e não se torna "dirigente" (especialista + político).

[Cf. *Caderno 4* (XIII), p. 21 bis, 39 bis-40.]

Este livro foi composto com tipografia Adobe Garamond Pro e Gill Sans MT, e impresso em papel B-ivory 65g (miolo) e papel MetsäBoard PRIME FBB Bright 235g (capa) na gráfica Cromosete, para a editora Expressão Popular, em julho de 2021.